U0517219

〔漢〕司馬遷 撰
〔宋〕裴駰 集解
〔唐〕司馬貞 索隱
〔唐〕張守節 正義

點校本
二十四史
修訂本

史記

第三册
卷一六至卷二二

中華書局

2013 年 9 月第 1 版　2024 年 6 月第 11 次印刷

ISBN 978-7-101-09501-2

史記卷十六

秦楚之際月表第四

索隱張晏曰：「時天下未定，參錯變易，不可以年記，故列其月。」今案：秦楚之際，擾攘僭篡，運數又促，故以月紀事名表也。

太史公讀秦楚之際，曰：初作難，發於陳涉；虐戾滅秦，自項氏；撥亂誅暴，平定海內，卒踐帝祚，成於漢家。五年之閒，號令三嬗，【一】自生民以來，未始有受命若斯之亟【二】也。

【一】集解音善。索隱古「禪」字，音市戰反。三嬗，謂陳涉、項氏、漢高祖也。

【二】索隱音己力反。亟訓急也。

昔虞、夏之興，積善累功數十年，德洽百姓，攝行政事，考之于天，【一】然後在位。湯、武之王，乃由契、后稷脩仁行義十餘世，不期而會孟津八百諸侯，猶以爲未可，其後乃放弑。【二】秦起襄公，章於文、繆，獻、孝之後，稍以蠶食六國，百有餘載，至始皇乃能并冠帶之倫。以德若彼，【三】用力如此，【四】蓋一統若斯之難也。

【一】集解韋昭曰：「謂舜受禪，在璇璣玉衡以齊七政。」

【二】索隱後乃放殺。殺音弑，謂湯放桀、武王討紂也。

【三】索隱即契、后稷及秦襄公、文公、穆公也。

【四】索隱謂湯、武及始皇。

秦既稱帝，患兵革不休，以有諸侯也，於是無尺土之封，墮壞名城，銷鋒鏑，【一】鉏豪桀，維萬世【二】之安。然王跡之興，起於閭巷，合從討伐，軼於三代，鄉秦之禁，適足以資賢者【三】爲驅除難耳。故憤發其所爲天下雄，【四】安在無土不王？【五】此乃傳之所謂大聖乎？【六】豈非天哉，豈非天哉！非大聖孰能當此受命而帝者乎？

【一】集解徐廣曰：「一作『鍉』。」索隱鏑音的。注「鍉」字亦音的。案：秦銷鋒鏑，作金人十二，以弱天下之兵也。

【二】索隱維訓度，謂計度令萬代安也。

【三】索隱鄉秦之禁適足資賢者。鄉音向，許亮反。謂秦前時之禁兵及不封樹諸侯，適足以資後之賢者，即高帝也。言驅除患難耳〔一〕。

【四】索隱指漢高祖。

【五】集解白虎通曰：「聖人無土不王，使舜不遭堯，當如夫子老於闕里也。」

【六】索隱言高祖起布衣，卒傳之天位，實所謂大聖。

	公元前209
秦	二世元年 集解徐廣曰：「壬辰。」 正義七月，陳涉起陳。八月，
楚	
項	
趙	
齊	
漢	
燕	
魏	
韓	

武臣起趙。九月，項梁起吳，田儋起齊，沛公初起，韓廣起燕。十二月，魏咎起魏，陳王立之。二年六月，韓成起韓，項梁立之也。

七月
楚隱王陳涉起兵入秦。【索隱】二月，葛嬰立襄彊，涉之二月也。至戲，葛嬰殺彊。五月，周文死。六月，陳涉死。然涉起凡六月，盡二世元年十二月也[二]。

八月	九月 楚兵至戲。
二 葛嬰爲涉徇九江，立襄彊爲楚王。	三 周文兵至戲，敗。而葛嬰聞涉王〔三〕，即殺彊。
	項梁號武信君。〖索隱〗二世元年九月立，至二年九月，章邯殺梁於定陶。
武臣始至邯鄲，自立爲趙王，始。〖索隱〗凡四月，爲李良所殺，當二世元年八月也。	二
	齊王田儋始。儋，狄人。諸田宗彊。從弟榮，榮弟橫。〖索隱〗二世二年六月，章邯殺儋。儋立十月死。齊立田假。二世二年八月，田榮立儋子市爲王。項羽又立市爲膠東王，封田都
	沛公初起。〖索隱〗凡十四月，懷王封沛公爲武安侯，將碭郡兵。
	韓廣爲趙略地至薊，自立爲燕王始。〖索隱〗二世三年十月，使臧荼救趙〔四〕，封荼爲燕王，徙廣封
	魏王咎始。咎在陳，不得歸國。〖集解〗徐廣曰：「魏咎、曹咎字皆作『咎』，音臼。」〖索隱〗四月，咎自陳歸，立。

208

	二年十月	十一月
	四 誅葛嬰。	五 周文死。
	二	三
	三	四 李良殺武臣，張耳、陳餘走。
爲臨淄王，安爲濟北王。田榮殺田市、田安，自立爲王。羽擊榮，平原人殺之。田橫立榮子廣爲王也。	二 儋之起，殺狄令，自王。	三
	二 擊胡陵、方與，破秦監軍。	三 殺泗水守。集解徐廣曰：「泗水屬東海。」拔薛西。周市東略地豐沛閒。
遼東王，後臧荼殺韓廣。	二	三
二年六月，咎自殺。九月，弟豹自立，都平陽。後豹歸漢，尋叛，韓信虜豹。	二	三 齊、趙共立周市，市不肯，曰「必立魏咎」云。

十二月	端月 [索隱]二世二年正月也。秦諱正，故云端月也。	二月
六 陳涉死。	楚王景駒始，秦嘉立之。[索隱]八月，項梁殺之。	二 嘉爲上將
四	五 涉將召平矯拜項梁爲楚柱國，急西擊秦。	六 梁渡江，陳
	趙王歇始，張耳、陳餘立之。[索隱]項羽立爲代王〔五〕。後漢滅歇，立張耳也。	二
四	五 讓景駒以擅自王不請我。	六 景駒使公孫慶
四 雍齒叛沛公，以豐降魏。沛公還攻豐，不能下。	五 沛公聞景駒王在留，往從，與擊秦軍碭西。[集解]徐廣曰：「一作『蕭』。」	六 攻下碭，收得兵六千，
四	五	六
四 咎自陳歸，立。	五 章邯已破涉，圍咎臨濟。	六

	三月	四月	五月	六月 〔索隱〕二世
軍〔六〕。	三	四		楚懷王始，都盱台，故懷王孫，梁
嬰、黥布皆屬。	七	八 梁擊殺景駒、秦嘉，遂入薛，兵十餘萬衆。	九	十 梁求楚懷王孫，得之
	三	四	五	六
讓齊，誅慶。	七	八	九	十 儋救臨濟，章邯殺田儋。榮走東
與故凡九千人。	七 攻拔下邑，遂擊豐，豐不拔。聞項梁兵衆，往請擊豐。	八 沛公如薛見項梁，梁益沛公卒五千，擊豐，拔之。雍齒奔魏。	九	十 沛公如薛，共立楚懷王。
	七	八	九	十
	七	八 臨濟急，周市如齊、楚請救。	九	十 咎自殺，臨濟降秦。
				韓王成始。〔索隱〕韓王成立，項羽更

二年六月 也。	七月	八月
立之。[索隱]故懷王之孫名心也。項梁之起，諸侯尊爲義帝，項羽徙而殺之。	二 陳嬰爲柱國。	三
民閒，立爲楚王。	十一 天大雨，三月不見星。	十二 救東阿，破秦軍，乘勝至定陶，項梁有驕色。
	七	八
阿。	齊立田假爲王，秦急圍榮東阿〔七〕。	楚救榮，得解歸，逐田假，立儋子市爲齊王，始。
	十一 沛公與項羽北救東阿，破秦軍濮陽，東屠城陽。	十二 沛公與項羽西略地，斬三川守李由於雍丘。
	十一	十二
	咎弟豹走東阿〔八〕。	
王之，不使就封，數月殺之，立鄭昌爲韓王，降漢。漢封韓信爲王。	二	三

207

九月	後九月［集解］徐廣曰：「閏建酉。」	三年十月
四 徙都彭城。	五 拜宋義爲上將軍。	六
十三 章邯破殺項梁於定陶，項羽恐，還軍彭城。	懷王封項羽於魯，爲次將，屬宋義，北救趙。	二
九	十 秦軍圍歇鉅鹿，陳餘出救兵。	十一 章邯破邯
二 田假走楚，楚趣齊救趙。田榮以假故，不肯，謂「楚殺假乃出兵」。項羽怒田榮。	三	四 齊將田都叛榮，
十三 沛公聞項梁死，還軍，從懷王，軍於碭。	十四 懷王封沛公爲武安侯，將碭郡兵西，約先至咸陽王之。	十五 攻破東郡尉及王離
十三	十四	十五 使將臧荼
魏豹自立爲魏王，都平陽，始。	二	三
四	五	六

	十一月	十二月	端月
	七 拜籍上將軍。	八	九
	三 羽矯殺宋義，將其兵渡河救鉅鹿。	四 大破秦軍鉅鹿下，諸侯將皆屬項羽。	五 虜秦將王離。
鄲，徙其民於河内。	十二	十三 楚救至，秦圍解。	十四 張耳怒陳餘，棄將印
往助項羽救趙。	五	六 故齊王建孫田安下濟北，從項羽救趙。	七
軍於成武南。	十六	十七 至栗〔九〕，得皇訢、武蒲軍。與秦軍戰，破之。	十八
救趙。	十六	十七	十八
	四	五 豹救趙。	六
	七	八	九

	二月	三月	四月
	十	十一	十二
	六 攻破章邯，章邯軍卻。	七	八 楚急攻章邯，章邯恐，使長史欣歸秦請兵，趙高讓之。
去。	十五	十六	十七
	八	九	十
	十九 得彭越軍昌邑。襲陳留，用酈食其策軍得積粟。	二十 攻開封，破秦將楊熊，熊走滎陽，秦斬熊以徇。	二十一 攻潁陽，略韓地，北絶河津。
	十九	二十	二十一
	七	八	九
	十	十一	十二

五月	六月	七月
二年一月	二	三
九 趙高欲誅欣，欣恐，亡走告章邯，謀叛秦。	十 章邯與楚約降，未定，項羽許而擊之。	十一 項羽與章邯期殷虛，章邯等已降，與盟，以
十八	十九	二十
十一	十二	十三
二十二	二十三 攻南陽守齮，破之陽城郭東。【集解】徐廣曰：「陽城在南陽。」	二十四 降下南陽，封其守齮。
二十二	二十三	二十四
十	十一	十二
十三	十四	十五 申陽下河南，降楚。

206

	八月	九月	十月
	趙高殺二世。	子嬰爲王。	集解徐廣曰：「歲在乙
	四	五	六
邯爲雍王。	十二 以秦降都尉翳、長史欣爲上將，將秦降軍。	十三	十四 項羽將諸侯兵四十餘萬，行略地，西至於
	二十一 趙王歇留國。陳餘亡居南皮。	二十二	二十三 張耳從楚西入秦。
	十四	十五	十六
	二十五 攻武關，破之。	二十六 攻下嶢及藍田。以留侯策，不戰皆降。	二十七 漢元年，秦王子嬰降。沛公入破咸陽，平秦，還軍霸上，待諸侯約。
	二十五	二十六	二十七
	十三	十四	十五 從項羽略地，遂入關。
	十六	十七	十八

未。」【索隱】高祖至霸上，稱元年。徐廣云歲在乙未。	十一月
	七
河南。	十五 羽詐阬殺秦降卒二十萬人於新安。
	二十四
	十七
	二十八 沛公出令三章，秦民大悅。
	二十八
	十六
	九

<table>
<tr><td>十二月</td><td>九 義帝元年，諸侯尊懷王爲義帝。索隱 項羽</td></tr>
<tr><td rowspan="4">八 分楚爲四。索隱 西楚、衡山、臨江、九江也。</td><td>十七 項籍自立爲西楚霸王。</td></tr>
<tr><td>分爲衡山。</td></tr>
<tr><td>分爲臨江。</td></tr>
<tr><td>分爲九江。</td></tr>
<tr><td>十六 至關中，誅秦王子嬰，屠燒咸陽。分天下，立諸侯。</td><td>二十六 更名爲常山。</td></tr>
<tr><td>二十五 分趙爲代國。</td><td>分爲代。</td></tr>
<tr><td rowspan="3">十八 項羽怨榮〔一〇〕，分齊爲三國。索隱 臨淄、濟北、膠東。</td><td>十九 更名爲臨菑。</td></tr>
<tr><td>分爲濟北。</td></tr>
<tr><td>分爲膠東。</td></tr>
<tr><td rowspan="4">二十九 與項羽有郄，見之戲下，講解。羽倍約，分關中爲四國。索隱 漢、雍、塞、翟。</td><td>正月 索隱 高祖及十二諸侯受封之月，漢書異姓王</td></tr>
<tr><td>分關中爲雍。</td></tr>
<tr><td>分關中爲塞。</td></tr>
<tr><td>分關中爲翟。</td></tr>
<tr><td rowspan="2">二十九 臧荼從入〔一一〕，分燕爲二國。索隱 燕、遼東也。</td><td>三十 燕</td></tr>
<tr><td>分爲遼東。</td></tr>
<tr><td rowspan="2">十七 分魏爲殷國。</td><td>十八 更爲西魏。</td></tr>
<tr><td>分爲殷。</td></tr>
<tr><td rowspan="2">二十 分韓爲河南國。</td><td>二十一 韓</td></tr>
<tr><td>分爲河南。</td></tr>
</table>

徙之於郴,至十月,項籍使九江王布殺義帝,漢王爲舉哀也。

表云一月,故應劭云:「諸侯王始受封之月,十三王同時稱一月」。以非元正,故云一月。高祖十月

二 徙都江南郴。	
西楚伯王項籍始〔三〕，爲天	
王吳芮始，故番君。	
王共敖始，故楚柱國。	
王英布始，故楚將。	
王張耳始，故楚將。【索隱】故趙	
二十七 【索隱】趙歇前爲趙王已二十六月，今	
王田都始，故齊將。	
王田安始，故齊將。	
二十 王田市始，故齊王。	
二月 【索隱】應劭云：「諸王始都國之月，	至霸上改元，至此月漢四月。分關中爲漢。
王章邯始，故秦將。	
王司馬欣始，故秦將。【索隱】故秦	
王董翳始，故秦將。【索隱】故秦	
王臧荼始，故燕將。	
三十一 王韓廣始，故燕王。	
十九 王魏豹始，故魏王。	
王司馬卬始，故趙將。	
二十二 王韓成始，故韓將。【索隱】故韓	
王申陽始，故楚將。	

下主命，立十八王。

相。

徙王代之二月，故云二十七月。其膠東王市之前爲齊王十九月，韓廣、魏豹、韓成五人並先爲

十三王同時稱二月。漢王始，故沛公。

長史。

都尉。

王。

三		
二	都彭城。	
二	都郴。	
二	都江陵。	
二	都六。	
二	都襄國。	
二十八	都代。	王已經多月，故因舊月而數也。王趙歇始，故趙王。
二	都臨菑。	
二	都博陽。	
二十一	都即墨。	
三月	都南鄭。	
二	都廢丘。	
二	都櫟陽。	
二	都高奴。	
二	都薊。	
三十二	都無終。	
二十	都平陽。	【索隱】豹從
二	都朝歌。	
二十三	都陽翟。	【索隱】姚氏
二	都洛陽。	

漢又叛，韓信虜之。漢四年，周苛殺豹也。

云：「韓成是項梁所立，不與十七國封。此云十八王，並項羽所命，不細區別。」又高紀云項羽

	四	
諸侯罷戲	三	
	三	
	三	
	三	
	三	
	二十九	
	三	
	三	
	二十二	
	四月	
	三	
	三	
	三	
	三	
	三十三	
	二十一	
	三	
	二十四	與成至彭城，廢爲侯，又殺之。是不令就國，當以陽翟爲都而不之國。
	三	

	五	六	七
下兵，皆之國。	四	五	六
	四	五	六
	四	五	六
	四	五	六
	四	五	六
	三十	三十一	三十二
	四 田榮擊都，都降楚。	齊王田榮始，故齊相。	二
	四	五	六 田榮
	二十三	二十四 田榮擊殺市。	屬齊。
	五月	六月	七月
	四	五	六
	四	五	六
	四	五	六
	四	五	六
	三十四	三十五	三十六
	二十二	二十三	二十四
	四	五	六
	二十五	二十六	二十七 項羽
	四	五	六

			205
	八	九	十 項羽
	七	八	九
	七	八	九
	七	八	九
	七	八	九
	七	八	九 耳降
	三十三	三十四	三十五 歇復
	三	四	五
擊殺安。	屬齊。		
	八月	九月	十月〔一三〕王至
	七 邯守廢丘，漢圍之。	八	九
	七 欣降漢，國除。	屬漢，爲渭南、河上郡。	
	七 翳降漢，國除。	屬漢，爲上郡。	
	七	八	九
	三十七 臧荼擊廣無終，滅之。	屬燕。	
	二十五	二十六	二十七
	七	八	九
誅成。	韓王鄭昌始，項羽立之。	二	三
	七	八	九

滅義帝。		
	十	十一
	十	十一
	十	十一
	十	十一
漢。		歇以陳餘
王趙。	三十六	三十七
	六	七
陜。集解徐廣曰：「弘農陜縣。」	十二月	十二月
	十 漢拔我隴西。	十一
	十	十一
	二十八	二十九
	十	十一
	韓王信始，漢立之。	二
	屬漢，爲河南郡。	

	十二	二年一月
	十二	二年一月
	十二	十三
	十二	二年一月
爲代王，故成安君。〔一四〕	二	三
	三十八	三十九
	八 項籍擊榮，走平原，平原民殺之。	項籍
	正月	二月
	十二 漢拔我北地。	二年一月
	十二	二年一月
	三十	三十一
	十二	十三
	三	四

	二	三 項羽
	二	三
	十四	十五
	二	三
	四	五
	四十	四十一
立故齊王田假爲齊王。	二 田榮弟橫反城陽，擊假，假走楚，楚殺假。	齊王
	三月 王擊殷。	四月 王伐
	二	三
	二	三
	三十二 降漢。〔一五〕	三十三 從漢
	十四 降漢，印廢。	爲河
	五	六 從漢

以兵三萬破漢兵五十六萬。	四	五
	四	五
	十六	十七
	四	五
	六	七
	四十二	四十三
田廣始。廣，榮子，橫立之。	二	三
楚至彭城，壞走。	五月 王走滎陽。	六月 王入關，立太子。復如滎陽。
	四	五 漢殺邯廢丘。
	四	五
伐楚。	三十四 豹歸，叛漢。	三十五
內郡，屬漢。〔一六〕		
伐楚。	七	八

六	七	八	九
六	七	八	九
十八	十九	二十	二十一
六	七	八	九
八	九	十	十一
四十四	四十五	四十六	四十七
四	五	六	七
七月	八月	九月	後九月 集解
屬漢，爲隴西、北地、中地郡。			
六	七	八	九
三十六	三十七	三十八 漢將韓信虜豹〔一七〕。	屬漢，爲河
九	十	十一	十二

	十	十一	十二
	十	十一	十二
	二十二	二十三	二十四
	十	十一	十二
	十二 漢將韓信斬陳餘。	屬漢，爲太原郡。	
	四十八 漢滅歇。	屬漢，爲郡。	
	八	九	十
徐廣曰：「應閏建巳。」	三年 十月	十一月	十二月
	十	十一	十二
東、上黨郡。			
	二年 一月	二	三

	三年一月	二	三	四	五	六
	三年一月	二	三	四	五	六
	二十五	二十六	二十七	二十八	二十九	三十
布身降漢，地屬項籍。						
	十一	十二	十三	十四	十五	十六
	正月	二月	三月	四月 楚圍王滎陽。	五月	六月
	三年一月	二	三	四	五	六
	四	五	六	七	八	九

七	八
七	八
三十一王敖薨。	臨江王驩 索隱共敖之子，漢虜
十七	十八
七月王出滎陽。集解徐廣曰：項羽、高紀七月出滎陽。	八月周苛、樅公殺魏豹。
七	八
十	十一

	九	十	十一 漢將韓信破殺龍且。
	九	十	十一
之，亦在四年十二月。始，敖子。	二	三	四
			趙王張耳始，漢立之。
	十九	二十	二十一 漢將韓信擊殺廣。
	九月	四年十月	十一月
	九	十	十一
	十二	三年一月	二

十二	四年一月	二	三 漢御史周苛入
十二	四年一月	二	三
五	六	七	八
二	三	四	五
屬漢，爲郡。		齊王韓信始，漢立之。	二
十二月	正月	二月 立信王齊。	三月 周苛入楚。
十二	四年一月	二	三
三	四	五	六

楚[一八]。	四	五
	四	五
	九	十
	六	七
	三	四
	四月 王出滎陽。豹死。集解徐廣曰：「項羽紀曰王出成皋。」	五月
	四	五
	七	八

六	七	八	九	十
六	七	八	九	十
十一	十二	十三	十四	十五
	淮南王英布始立，漢立之。	二	三	四
八	九	十	十一	十二
五	六	七	八	九
六月	七月 立布爲淮南王。	八月	九月 太公、吕后自歸楚。	五年 十月
六	七	八	九	十
九	十	十一	十二	四年 一月

十一	十二 誅籍。索隱漢誅項籍在四年十二月。	齊王韓信徙楚王。
十一	十二	十三 徙王長沙。
十六	十七 漢虜驩。	屬漢，爲南郡。
五	六	七 淮南國
二年一月	二	三 趙國
十	十一	十二 徙王楚，屬漢，爲四郡。
十二月	十二月	正月 索隱漢王更號皇帝，即位
十一	十二	五年一月 燕國
		復置梁國。
二	三	四 韓王信徙王代，都馬
		分臨江爲長沙國。

二	
屬淮南國。	
八	
四	
二月甲午，王更號，即皇帝位於定陶。	於定陶也。殺項籍，天下平，諸侯臣屬漢。
二	
梁王彭越始。	
五[一九]	邑。
衡山王吳芮爲長沙王[二〇]。	

	三	四	五	六	七
	九	十	十一	十二	二年一月
	五	六	七	八	九耳薨，謚景王。
	三月	四月	五月	六月帝入關。	七月
	三	四	五	六	七
	二	三	四	五	六
	六	七	八	九	十
索隱吳芮始，改封也。	二	三	四	五	六薨，謚文王。

八	九 王得故項羽將鍾離眛，斬之以聞。
二	三
趙王張敖始，〔三三〕耳子。	二
八月 帝自將誅燕。	九月
八	九 反漢，虜荼。【索隱】虜臧荼。漢書作四年九月，誤也。
七	八
十一	十二
長沙成王臣始，芮子。	二

十

四

三

後九月 [集解]徐廣曰:「應閏建寅。」

燕王盧綰始,漢太尉。

九

五年一月

三

【索隱述贊】秦失其鹿,羣雄競逐。狐鳴楚祠,龍興沛谷。武臣自王,魏豹必復。田儋據齊,英布居六。項王主命,義帝見戮。以月繫年,道悠運速。洶洶天下,瞻烏誰屋?真人霸上,卒享天禄。

校勘記

〔一〕言驅除患難耳　耿本、黄本、彭本、柯本、凌本、殿本「言」下有「爲之」二字。

〔二〕盡二世元年十二月　「盡」，原作「當」，據耿本、黄本、彭本、柯本、凌本、殿本改。又，「元年」，疑當作「二年」。

〔三〕葛嬰聞涉王　「葛嬰」，原作「陳嬰」。梁玉繩志疑卷一〇引史詮以爲當作「葛嬰」。按：此承上文「葛嬰爲涉徇九江，立襄彊爲楚王」而言。本書卷四八陳涉世家：「葛嬰至東城，立襄彊爲楚王。嬰後聞陳王已立，因殺襄彊。」今據改。

〔四〕使臧荼救趙　「使」，原作「破」。二世三年十月表云「使將臧荼救趙」，今據改。按：本書卷七項羽本紀：「燕將臧荼從楚救趙，因從入關，故立荼爲燕王。」

〔五〕項羽立爲代王　此上原有「張耳陳餘」四字，據耿本、黄本、彭本、柯本、凌本、殿本删。按：本書卷七項羽本紀：「徙趙王歇爲代王。」

〔六〕嘉爲上將軍　梁玉繩志疑卷一〇：「陳涉世家徐廣云『正月，嘉爲上將軍』，則今本誤在二月。」

〔七〕秦急圍榮東阿　「榮」字原無，據景祐本、紹興本、耿本、黄本、彭本、柯本、凌本、殿本補。

〔八〕咎弟豹走東阿　梁玉繩志疑卷一〇：「考豹傳，『走東阿』乃『走楚』之誤。」

〔九〕至栗　此上原有「救趙」二字。梁玉繩志疑卷一〇：「『救趙』二字誤。救趙者羽也。沛公是時攻秦略地至栗耳。」今據删。

〔一〇〕項羽怨榮　此下原有「殺之」二字。梁玉繩志疑卷一〇：「榮故在齊，羽安得殺之？史詮謂

『殺之』二字削。」按：漢書卷一上高帝紀上田榮被殺在二年春正月，本書卷七項羽本紀亦在二年，此時尚未被殺。今據刪。

〔一一〕臧荼從入　此下疑當有「關」字。按：本書卷七項羽本紀：「燕將臧荼從楚救趙，因從入關，故立荼爲燕王。」

〔一二〕西楚伯王項籍始　「伯王」，原作「主伯」，據景祐本、紹興本、耿本改。殿本作「霸王」，義同。按：上文云「項籍自立爲西楚霸王」。本書卷六秦始皇本紀：「項羽爲西楚霸王，主命分天下王諸侯。」

〔一三〕十月　張文虎札記卷二：「『十月』上脱『二年』兩字，各本同。」

〔一四〕故成安君　「故」，原作「號」。梁玉繩志疑卷一〇：「『號』字乃『故』字之誤。」按：上文云吴芮「故番君」，田市「故齊王」，燕王廣「故燕王」，魏王豹「故魏王」，文例皆同。本書卷八高祖本紀：「封成安君陳餘河閒三縣。」今據改。

〔一五〕降漢　此下原有「爲廢王」三字。梁玉繩志疑卷一〇：「豹降漢未嘗爲廢王，疑衍『爲廢王』三字。」今據刪。

〔一六〕爲河内郡屬漢　張文虎札記卷二：「『屬漢』二字當在『爲河内』上。」

〔一七〕韓信虜豹　「韓」字原無，據景祐本、紹興本、耿本、黄本、彭本、柯本、凌本、殿本補。

〔一八〕漢御史周苛入楚　梁玉繩志疑卷一〇：「高紀徐廣引表作『周苛死』，與今本異。但苛死在漢三年六月，而楚、漢兩表書於四年三月，張丞相傳亦作四年，並誤。孫侍御云當是今本『入楚』下脱『死』字。」按：本書卷二二漢興以來將相名臣年表亦云「周苛守滎陽，死」。

〔一九〕此欄原有「徙王代都馬邑」六字，與上文重複，今據凌本、殿本删其一。

〔二〇〕衡山王吳芮爲長沙王　「爲」字原重，據景祐本、紹興本、耿本、黄本、彭本、柯本、凌本、殿本删。

〔二一〕趙王張敖始　「始」，原作「立」。梁玉繩志疑卷一〇：「史詮云『始』作『立』誤。」按：下長沙欄云「長沙成王臣始，芮子」，文例與此同。今據改。

史記卷十七

漢興以來諸侯王年表第五

索隱應劭云：「雖名爲王，其實如古之諸侯。」

太史公曰：殷以前尚矣。周封五等：公、侯、伯、子、男。然封伯禽、康叔於魯、衞，地各四百里，親親之義，襃有德也；太公於齊，兼五侯地，尊勤勞也。武王、成、康所封數百，而同姓五十五，【一】地上不過百里，下三十里，以輔衞王室。管、蔡、康叔、曹、鄭，或過或損。厲、幽之後，王室缺，侯伯彊國興焉，天子微，弗能正。非德不純，形勢弱也。【二】

【一】索隱案：漢書封國八百，同姓五十餘。顧氏據左傳魏子謂成鱄云「武王克商，光有天下，兄弟之國十有五人，姬姓之國四十人」是也。

【二】索隱純，善也，亦云純一。言周王非德不純一，形勢弱也。

漢興，序二等。【一】高祖末年，非劉氏而王者，若無功上所不置【二】而侯者，天下共誅之。高祖子弟同姓爲王者九國，〔三〕唯獨長沙異姓，而功臣侯者百有餘人。自鴈門、太原以東至遼陽，〔四〕爲燕、代國；常山以南，大行左轉，度河、濟，阿、甄以東薄海，爲齊、趙國；自陳以西，南至九疑，東帶江、淮、穀、泗，〔五〕薄會稽，爲梁、楚、吴、淮南、長沙國〔一〕：皆外接於胡、越。而内地北距山以東盡諸侯地，大者或五六郡，連城數十，置百官宫觀，僭於天子。漢獨有三河、東郡、潁川、南陽，自江陵以西至蜀，北自雲中至隴西，與内史〔六〕凡十五郡，而公主列侯頗食邑其中。何者？天下初定，骨肉同姓少，故廣彊庶孽，以鎮撫四海，用承衞天子也。

〔一〕集解韋昭曰：「漢封功臣，大者王，小者侯也。」

〔二〕集解徐廣曰：「一云『非有功上所置』。」

〔三〕集解徐廣曰：「齊、楚、荆、淮南、燕、趙、梁、代、淮陽。」索隱徐氏九國不數吴，蓋以荆絶乃封吴故也。仍以淮陽爲九。今案：下文所列有十國者，以長沙異姓，故言九國也。

〔四〕集解韋昭曰：「遼東遼陽縣。」

〔五〕集解徐廣曰：「穀水在沛。」

〔六〕正義京兆也。

漢定百年之閒，親屬益疏，諸侯或驕奢，忕邪臣〔一〕計謀爲淫亂〔二〕，大者叛逆，小者不軌于法，以危其命，殞身亡國。天子觀於上古，然後加惠，使諸侯得推恩分子弟【二】國邑，故齊分爲七，【三】趙分爲六，【四】梁分爲五，【五】淮南分三〔三〕，【六】及天子支庶子爲王，王子支庶爲侯，百有餘焉。吳楚時，前後諸侯或以適削地，【七】是以燕、代無北邊郡，吳、淮南、長沙無南邊郡，【八】齊、趙、梁、楚支郡名山陂海咸納於漢。諸侯稍微，大國不過十餘城，小侯不過數十里，上足以奉貢職，下足以供養祭祀，以蕃輔京師。而漢郡八九十，形錯諸侯閒，犬牙相臨，【九】秉其阸塞地利，彊本幹，弱枝葉之勢，尊卑明而萬事各得其所矣。

【一】索隱 忕音誓。忕訓習。言習於邪臣之謀計，故爾雅云「忕猶狃」也。狃亦訓習。

【二】索隱 案：武帝用主父偃言而下推恩之令也。

【三】集解 徐廣曰：「城陽、濟北、濟南、菑川、膠西、膠東，是分爲七。」

【四】集解 徐廣曰：「河閒、廣川、中山、常山、清河。」

【五】集解 徐廣曰：「濟陰、濟川、濟東、山陽也。」

【六】集解 徐廣曰：「廬江、衡山。」

【七】索隱 適音宅。或作「過」。

【八】集解 如淳曰：「長沙之南更置郡，燕、代以北更置緣邊郡，其所有饒利兵馬器械，三國皆失之也。」 正義 景帝時，漢境北至燕、代，燕、代之北未列爲郡。吳、長沙之國，南至嶺南；嶺南、越未平，亦無南邊郡。

【九】索隱錯音七各反。錯謂交錯。相銜如犬牙，故云犬牙相制，言犬牙參差也。

臣遷謹記高祖以來至太初諸侯，譜其下益損之時，令後世得覽。形勢雖彊，要之以仁義爲本。

公元前206

	高祖元年
楚	索隱高祖五年，封韓信。六年，王弟交也。
齊	索隱四年，封韓信。六年，封子肥。
荊	索隱六年，封劉賈。十一年，賈爲英布所殺。其年立吴國，封
淮南	索隱四年，封英布。十一年反，誅。立子長。
燕	索隱五年，封盧綰。十一年，亡入匈奴。十二年，立子建也。
趙	索隱四年，封張耳。其年薨。明年，子敖立。八年，廢爲宣平侯。
梁	索隱五年，封彭越。十一年反，誅。十二年，立子恢。
淮陽	索隱十一年，封子友。後二年爲郡。高后元年，復爲國，
代	索隱二年，封韓王信。五年，降匈奴。十一年，立子恒也。
長沙	索隱五年，吴芮薨。六年，子成王臣立。

205 二	
都彭城。	
都臨菑。	
都吳。	兄子濞也。
都壽春。	
都薊。	
都邯鄲。	九年，立子如意也。
都淮陽。	
都陳。	封惠帝子彊。
十一月，初王韓信元年。都馬邑。	

	203 四	204 三	
楚			
齊	初王信元		
荊			
淮南	十月乙丑，		
燕			
趙	初王張耳		
梁			
淮陽			
代	三	二	集解徐廣曰：本紀及表高祖起五年始徙信。故韓王孫。
長沙			

五	
齊王信徙爲楚王	
二徙楚。	年。故相國。
二	初王武王英布元年。〔四〕
後九月壬子，〔五〕初	
王敖元年。敖，耳子。	元年。薨。
初王彭越元年。	
四降匈奴，國除爲	
二月乙未，初王文	

		201 六
楚	元年。反，廢。	正月丙午，初王交元
齊		正月甲子，初王悼惠
荊		正月丙午，初王劉賈
淮南		三
燕	王盧綰元年。	二
趙		二
梁		二
淮陽		
代	郡。	〔六〕
長沙	王吳芮元年。薨。	成王臣元年

	200 七	199 八	198 九
年。交，高祖弟。	二	三	四 來朝。
王肥元年。肥，高祖子。	二	三	四 來朝。
元年。	二	三	四
	四	五	六 來朝。
	三	四	五
	三	四 廢。	初王隱王。
	三	四	五 來朝。
			〔七〕
	二	三	四

	197 十	
楚	五　來朝。	
齊	五　來朝。	
荊	五　來朝。	
淮南	七　來朝。反，誅。	
燕	六　來朝。	
趙	二	如意元年。如意，高祖子。
梁	六　來朝。反，誅。	
淮陽		
代	復置代，都中都。	
長沙	五　來朝。	

十一

六

六

六 爲英布所殺，國除爲郡。

十二月庚午，厲王長元年。長，高祖子。

七 【集解】徐廣曰：「一云十月亡入於匈奴。」

三

二月丙午，初王恢元年。恢，高祖子。

三月丙寅，初王友元年。友，高祖子。〔八〕

正月丙子〔九〕，初王元年。

六

	195 十二
楚	七
齊	七
吳	更爲吳國。十月辛丑，初王濞元年。濞
淮南	二
燕	二月甲午[一〇]，初王靈王建元年。建，高
趙	四 死。
梁	二
淮陽	二
代	二
長沙	七

194

孝惠元年	
八	
八	
二	高祖兄仲子，故沛侯。
三	
二	祖子。
淮陽王徙於趙，名	
三	
爲郡。	
三	
八	

	193	
	二	
楚	九　來朝。	
齊	九　來朝。	
吴	三	
淮南	四	
燕	三	
趙	二	友[二]，元年。是爲幽王。
梁	四	
淮陽		
代	四	
長沙	哀王回元年	

188	189	190	191	192
七	六	五	四	三
十四來朝	十三	十二	十一來朝	十
初置魯國				
哀王襄元年	十三薨	十二	十一來朝	十
八來朝	七	六來朝	五	四
九來朝	八	七	六來朝	五
八來朝	七	六來朝	五	四
七來朝	六	五	四來朝	三
初置常山國				
九來朝	八	七	六	五
初置呂國				
復置淮陽國				
九	八	七	六	五
六	五	四	三	二

	高后元年
楚	十五
魯	四月元王張偃元年。〔三〕偃，高后外孫。
齊	二
吳	九
淮南	十
燕	九
趙	八
常山	四月辛卯，哀王不疑元年。薨。
梁	十
呂	四月辛卯，呂王台元年。薨。
淮陽	四月辛卯，初王懷王强元年。强，惠帝
代	十
長沙	七

	二
	十六
故趙王敖子。	二
	三
	十
	十一
	十
	九
	七月癸巳，初王義元年。哀王
	十一
	十一月癸亥，[五]王呂嘉元年。
子。	二
	十一
	恭王右元年。[六]

國	
楚	
魯	
齊	
吳	
淮南	
燕	
趙	
常山	弟。〔三〕義，孝惠子，故襄城侯，立爲帝。〔四〕
梁	
呂	嘉，肅王子。
淮陽	
代	
長沙	

185	184
三	四
十七	十八
三	四
四 來朝。	五
十一	十二
十二	十三
十一	十二
十	十一
二	五月丙辰，初王朝元年。朝，惠帝
十二	十三
二	三
三	四
十二	十三
二 來朝。	三

楚	
魯	
齊	
吳	
淮南	
燕	
趙	
常山	子，故軹侯。索隱軹音章是反。軹縣在河內。後文帝以封舅薄昭。
梁	
呂	
淮陽	
代	
長沙	

183	182
五	六
十九	二十
五	六
六	七
	初置琅邪國。
十三	十四
十四 來朝。	十五
十三	十四
十二	十三
二	三
十四	十五
四	嘉廢。七月丙辰，呂産元年。産，肅
五 無嗣。	初王武元年。武，孝惠帝子，故壺
十四	十五
四	五

楚	
魯	
齊	
琅琊	
吴	
淮南	
燕	
趙	
常山	
梁	
吕	王弟，故洨侯。索隱洨音交。洨水所出，縣名，在沛。又音□也。
淮陽	關侯。
代	
長沙	

七

二十一

七

八

王澤元年。故營陵侯。索隱營陵，縣名，屬北海。

十五

十六

十五 絕。

十四 幽死。〔一七〕

四

徙王趙，〔一八〕自殺。王呂產元年。

呂產徙王梁。二月丁巳，〔一九〕王太元年。惠帝

二

十六

六

	180	
	八	
楚	二十二	
魯	八	
齊	九	
琅邪	二	
吳	十六	
淮南	十七	
燕	十月辛丑，初王	
趙	初王呂祿元年。	
常山	五 非子，誅，國除。	
梁	二 有罪，誅，爲郡。	
呂	二	子。[索隱]呂太，故昌平侯。縣名，屬上谷也。
淮陽	三 武，誅，國除。	
代	十七	
長沙	七	

呂通元年。肅王子，故東平侯。九月誅，國除。

呂后兄子，胡陵侯。誅，國除。〔索隱〕胡陵，縣名，屬山陽也。

爲郡。

	179 孝文前元年[一〇]	
楚	二十三	
魯	九 廢爲侯。	
齊	十 薨。	
城陽	初置城陽郡。[一一]	
濟北	初置濟北。	
琅邪	三 徙燕。	
吳	十七	
淮南	十八	
燕	十月庚戌，琅邪王澤徙燕	索隱 東平，縣，屬梁國。
趙	十月庚戌，趙王遂元年。幽	
河間	分爲河間，都樂成。	
太原	初置太原，都晉陽。	
梁	復置梁國。	
代	十八 爲文帝。	
長沙	八	

二	
夷王郢元年	
文王則元年	
二月乙卯，景王章元年。	
二月乙卯，王興居元年。	
國除，爲郡。	
十八	
十九	
二 薨。	元年。是爲敬王。
二	王子。
二月乙卯，初王文王辟	
二月乙卯，初王參元年。	
二月乙卯，初王懷王勝	
二月乙卯，初王武元年。	
九	

楚	
齊	
城陽	章，悼惠王子，故朱虛侯。索隱朱虛，縣名，屬琅邪。
濟北	興居，悼惠王子，故東牟侯。索隱縣名，屬東萊。
吴	
淮南	
燕	
趙	
河間	强元年。辟强，趙幽王子。索隱辟音璧。
太原	參，文帝子。
梁	元年。勝，文帝子。
淮陽	
代	武，文帝子。
長沙	

176	177
四	三
三	二
三	二
共王喜元年	二
	爲郡。
二十	十九來朝。
二十一	二十來朝。
二	康王嘉元年
四	三
三	二
三更爲代王。	二
三	二
代王武徙淮陽三年。	復置淮陽國。
三太原王參更號爲代王	二徙淮陽。
二	靖王著元年

	175	
	五	
楚	四 薨。	
齊	四	
城陽	二	
吳	二十一	
淮南	二十二	
燕	三	
趙	五	
河間	四	
梁	四	
淮陽	四	
代	四	三年，實居太原，是爲孝王。
長沙	三	

173	174
七	六
二	王戊元年
六	五
四	三
二十三	二十二
	二十三 王無道，遷蜀，死雍，爲郡。
五	四
七 來朝。	六
六	五
六 來朝。	五
六 來朝。	五
六 來朝。	五
五	四

	169	170	171	172
	十一	十	九	八
楚	六	五	四	三
齊	十	九	八	七來朝
城陽	八徙淮南爲	七	六來朝	五
吳	二十七	二十六	二十五	二十四
淮南				
燕	九	八	七	六來朝
趙	十一	十	九	八
河間	十	九	八	七來朝
梁	十來朝薨，無	九	八	七
淮陽	十來朝徙梁	九	八來朝	七
代	十來朝	九	八	七
長沙	九	八來朝	七	六

	十二
	七
	十一 來朝。
郡，屬齊。	
	二十八
	城陽王喜徙淮南元年。[三]
	十
	十二 來朝。
	十一 來朝。
後。	十一 淮陽王武徙梁年，是爲孝王。
爲郡。	
	十二
	十

	165	166	167
	十五	十四	十三
楚	十	九	八 來朝。
衡山	初置衡山。		
齊	十四 薨。無後。	十三	十二
城陽	復置城陽國。		
濟北	復置濟北國。		
濟南	分爲濟南國。		
菑川	分爲菑川，都劇。		
膠西	分爲膠西，都宛。[三] 集解		
膠東	分爲膠東，都即墨。		
吴	三十一	三十	二十九
淮南	四 徙城陽。	三	二
燕	十三 來朝。	十二 來朝。	十一
趙	十五	十四	十三
河間	哀王福元年。薨，無後，	十三 薨。	十二
廬江	初置廬江國。		
梁	十四 來朝。	十三	十二
代	十四	十三	十二
長沙	十三	十二	十一

十六	
十一	
四月丙寅，王勃元年。	
四月丙寅，孝王將閭	
淮南王喜徙城陽十三	
四月丙寅，初王志元	
四月丙寅，初王辟光	
四月丙寅，初王賢元	
四月丙寅，初王卬元	徐廣曰：「樂安有宛縣。」〔二四〕
四月丙寅，初王雄渠	
三十二	
四月丙寅，王安元年。	
十四	
十六	國除爲郡。
四月丙寅，王賜元年。	
十五	
十五	
十四	

	後元年 163	
楚	十二	
衡山	二	淮南厲王子，故安陽侯。
齊	二	元年。齊悼惠王子，故陽虛侯。
城陽	十四	年。
濟北	二	年。齊悼惠王子，故安都侯。
濟南	二	元年。齊悼惠王子，故朸侯。
菑川	二	年。齊悼惠王子，故武城侯。
膠西	二	年。齊悼惠王子，故平昌侯。
膠東	二	元年。齊悼惠王子，故白石侯。
吳	三十三	
淮南	二	淮南厲王子，故阜陵侯。
燕	十五	
趙	十七	
廬江	二	淮南厲王子，故陽周侯。
梁	十六	
代	十六	
長沙	十五	

159	160	161	162
五	四	三	二
十六來朝	十五	十四	十三
六	五	四	三
六	五	四來朝	三
十八來朝	十七	十六	十五
六	五來朝	四來朝	三
六來朝	五	四來朝	三
六	五	四	三
六來朝	五	四	三
六	五	四	三
三十七	三十六	三十五	三十四
六	五	四	三
十九	十八來朝	十七	十六
二十一	二十來朝	十九	十八
六	五	四	三
二十	十九	十八來朝	十七
三	二	恭王登元年	十七薨
十九	十八	十七	十六

	156	157	158
	孝景	七	六
楚	十九	十八	十七
魯			
衡山	九	八	七
齊	九	八	七
城陽	二十一	二十	十九
濟北	九	八	七
濟南	九	八	七
菑川	九	八	七
膠西	九	八	七
膠東	九	八	七
吳	四十	三十九	三十八
淮南	九	八	七　來朝。
燕	二十二	二十一	二十
趙	二十四	二十三	二十二
河間	復置		
廣川	初置		
廬江	九	八	七
梁	二十三	二十二	二十一　來朝。
臨江	初置		
汝南	初置		
淮陽	復置		
代	六	五	四
長沙	復置	二十一，來朝。薨，無後，國除。	二十　來朝。

前元年	二
	二十來朝。
	分楚復置魯國。
	十
	十
	二十二
	十來朝。
	十
	十
	十
	十
	四十一
	十
	二十三
	二十五來朝。
河間國。	三月甲寅，初王獻王德
廣川，都信都。	三月甲寅，王彭祖元年。
	初置中山，都盧奴。
	十
	二十四來朝。
臨江，都江陵。〔一五〕	三月甲寅，初王閼于元
汝南國。	三月甲寅，初王非元年。
淮陽國。〔一六〕	三月甲寅，初王餘元年。
	七
長沙國。	三月甲寅，定王發元年。

漢興以來諸侯王年表第五

	三	
楚	二十一 反，誅。	
魯	六 月乙亥，淮陽	
衡山	十一	
齊	十一	
城陽	十三	
濟北	十一 徙菑川。	
濟南	十一 反，誅。爲郡。	
菑川	十一 反，誅。濟北王	
膠西	十一 反，誅。六月乙	
膠東	十一 反，誅。	
吳	四十二 反，誅。	
淮南	十一	
燕	二十四	
趙	二十六 反，誅。爲郡。	
河間	二 來朝。	元 年。景帝子。
廣川	二 來朝。	景帝子。
中山	六 月乙亥，靖王	
廬江	十一	
梁	二十五 來朝。	
臨江	二	年。[二七]景帝子。【索隱】音閼遏。
汝南	二	景帝子。
淮陽	二 徙魯。爲郡。[二八]	景帝子。
代	八	
長沙	二	景帝子。

王徙魯元年。是爲恭王。

志徙菑川十一年。是爲懿王。

亥，于王端元年。景帝子。【索隱】謚法：「能優其德曰于。」

勝元年。景帝子。

	四月己巳立太子
楚	文王禮元年。元王子，故平陸侯。
魯	二 來朝。
衡山	十二 徙濟北。廬江王賜徙衡山元年。[二九]
齊	懿王壽元年
城陽	二十四
濟北	衡山王勃徙濟北。十二年。是爲貞王。
菑川	十二
膠西	二
膠東	四月己巳，初王元年。是爲孝武帝。
江都	初置江都。六月乙亥，汝南王非爲江
淮南	十二
燕	二十五
趙	
河間	三
廣川	三
中山	二
廬江	十二 徙衡山，國除爲郡。
梁	二十六
臨江	三 薨，無後，國除爲郡。
汝南	三 徙江都。
代	九
長沙	三

都王元年。是爲易王。〔三〕【索隱】謚法：「好更故舊爲易」也。

	五
楚	二
魯	三
衡山	二
齊	二 來朝。
城陽	二十五
濟北	十三 薨。
菑川	十三
膠西	三
膠東	二
江都	二
淮南	十三 來朝。
燕	二十六 薨。
趙	廣川王彭祖徙趙四年。是爲敬肅王。
河間	四
廣川	四 徙趙，國除爲信都郡。
中山	三
梁	二十七
臨江	
代	十
長沙	四

151	150
六	七 十一月乙丑，太子廢
三 來朝。薨。	安王道元年
四	五
三	四
三	四
二十六	二十七
武王胡元年〔三〕	二
十四	十五
四	五
三	四 四月丁巳，爲太子。
三	四
十四	十五
王定國元年	二
五	六
五	六
四	五 來朝。
二十八	二十九 來朝。
復置臨江國。	十一月乙丑，初王閔王榮
十一	十二
五 來朝。	六 來朝。

	149 中元年	
楚	二 來朝。	
魯	六 來朝。	
衡山	五	
齊	五	
城陽	二十八	
濟北	三	
菑川	十六 來朝。	
膠西	六 來朝。	
膠東	復置膠東國。	
江都	五	
淮南	十六	
燕	三	
趙	七	
河間	七	
廣川	復置廣川國。	
中山	六	
清河		
梁	三十	
臨江	二	元年。景帝太子，廢爲王。〔三〕
代	十三	
長沙	七	

148	147
二	三
三	四
七	八
六	七　來
六	七
二十九　來朝。	三十
四	五
十七　來朝。	十八
七	八
四月乙巳，初王康王寄元年。景帝子。	二
六	七
十七	十八
四	五　來
八　來朝。	九
八　來朝。	九
四月乙巳，惠王越元年。景帝子。	二
七	八
初置清河，都清陽。〔三〕	三　月
三十一　來朝。	三十二
三	四　坐
十四	十五　來
八	九

國	
楚	
魯	
衡山	朝。
齊	
城陽	
濟北	
菑川	
膠西	
膠東	
江都	
淮南	
燕	朝。
趙	
河間	
廣川	
中山	
清河	丁巳，哀王乘元年。景帝子。
常山	
梁	
濟川	
濟東	侵廟壖垣爲宮，自殺。國除爲南郡。〔索隱〕壖音
山陽	
濟陰	
代	朝。
長沙	

145	146	
五	四	
六來朝。	五	
十	九	
九	八	
九	八	
三十二	三十一	
七	六	
二十	十九	
十	九	
四來朝。	三	
九	八	
二十	十九來朝。	
七	六	
十一	十	
十一	十	
四	三	
十	九來朝。	
三	二	
三月丁	復置常山國。	
三十四	三十三	
分爲濟		
分爲濟		儒緣反。壖垣，廟境外之墟〔三四〕。壖，邊也。
分爲山		
分爲濟		
十七	十六	
十二來朝。	十來朝。	

	六	
楚	七	
魯	十二	
衡山	十	
齊	十	
城陽	三十三 薨。	
濟北	八	
菑川	二十二	
膠西	十一	
膠東	五	
江都	十	
淮南	二十二	
燕	八	
趙	十二	
河間	十二	
廣川	五	
中山	十一	
清河	四	
常山	二	巳〔三五〕，初王憲王舜元年。孝景子。
梁	三十五 來	
濟川	五 月	川國。
濟東	五 月	東國。
山陽	五 月	陽國。
濟陰	五 月	陰國。
代	十八	
長沙	十二	

143

	後元年
	八
	十二
	十一
	十一
	頃王延元
	九
	二十二 來朝。
	十二
	六
	十一
	二十二
	九 來朝。
	十三 來朝。
	十三 來朝。
	六
	十二
	五
	三
朝。薨。	恭王買元
丙戌，初王明元年。梁孝王子。	二
丙戌，初王彭離元年。梁孝王子。	二
丙戌，初王定元年。梁孝王子。	二
丙戌，初王不識元年。梁孝王子。	二 薨，無後，
	十九
	十三

	141	142	
	三	二	
楚	十	九	
魯	十四	十三	
衡山	十三	十二	
齊	十三	十二來朝。	
城陽	三	二	年[索隱]頃音傾。城陽王子。
濟北	十一	十來朝。	
菑川	二十四	二十三	
膠西	十四	十三	
膠東	八來朝。	七	
江都	十三	十二	
淮南	二十四	二十三	
燕	十一	十來朝。	
趙	十五	十四	
河間	十五	十四	
廣川	八	七	
中山	十四	十三	
清河	七	六	
常山	五	四	
梁	三	二	年。孝王子。
濟川	四	三	
濟東	四	三	
山陽	四	三	
濟陰			國除。
代	二十一	二十	
長沙	十五	十四	

140	139	138
孝武建元元年	二	三
十一	十二 來朝	十三
十五	十六 來朝	十七
十四	十五	十六
十四	十五	十六
四	五	六
十二	十三	十四
二十五	二十六	二十七
十五	十六	十七
九	十	十一
十四	十五	十六
二十五	二十六 來朝	二十七
十二	十三	十四
十六	十七	十八
十六	十七	十八
九	十	十一
十五	十六	十七 來朝
八	九 來朝	十
六	七	八
四	五	六
五	六	七 明殺中傅
五	六	七
五	六	七
二十二	二十三	二十四 來朝
十六	十七	十八 來朝

	137
	四
楚	十四
魯	十八
衡山	十七
齊	十七
城陽	七
濟北	十五
菑川	二十八
膠西	十八
膠東	十二
江都	十七　來朝。
淮南	二十八
燕	十五
趙	十九
河間	十九
廣川	十二
中山	十八
清河	十二
常山	九　來朝。
梁	七　薨。
濟川	廢遷房陵。【集解】徐廣曰：「一作『太傅』。」爲郡。
濟東	八
山陽	八
代	二十五
長沙	十九

五

十五

十九

十八

十八

八

十六

二十九

十九

十三

十八

二十九

十六

二十

二十

繆王元年 [集解]徐廣曰：「齊立四十五年，以征和元年乙丑有罪病死，謚曰繆。」

十九

十二 薨，無後，國除爲郡。

十

平王襄元年

九

九 薨，無後，國除爲郡。

二十六

二十

	134 元光	135 六	
楚	十七	十六	
魯	二十一	二十	
衡山	二十	十九	
齊	二十	十九	
城陽	來 十	九	
濟北	十八	十七	
菑川	三十一	三十	
膠西	二十一	來朝。 二十	
膠東	來 十五	十四	
江都	二十	十九	
淮南	三十一	三十	
燕	來 十八	十七	
趙	二十三	來朝。 二十二	
河間	二十三	二十二	
廣川	三	二	索隱 廣川惠王子。諡法：「名與實乖曰繆。」
中山	二十一	二十	
常山	十二	十一	
梁	三	二	
濟東	十一	十	
代	二十八	二十七	
長沙	二十三	二十二	

131	132	133	
四	三	二	元年
二十	十九來朝。	十八來朝。	
二十四	二十三	二十二	
二十三	二十二	二十一	
厲王次昌元年	二十二卒。	二十一	
十三	十二	十一	朝。
二十一	二十	十九	
三十四	三十三	三十二	
二十四	二十三	二十二	
十八	十七	十六	朝。
二十三	二十二	二十一	
三十四	三十三	三十二	
二十一	二十	十九	朝。
二十五	二十四	二十三	
二十五	二十四	二十三	
六	五	四	
二十四	二十三來朝。	二十二來朝。	
十五	十四	十三	
六	五	四	
十四來朝。	十三	十二	
二	王義元年	二十九	
二十五	二十四來朝。	二十三來朝。	

	128	129	130
	元朔元年	六	五
楚	襄王注元	二十二薨。	二十一
魯	安王光元	二十六薨。	二十五
衡山	二十六	二十五	二十四
齊	四	三	二
城陽	十六	十五	十四來朝。
濟北	二十四來朝。	二十三	二十二
菑川	二	靖王建元年	三十五薨。
膠西	二十七	二十六	二十五
膠東	二十一	二十	十九
江都	二十六〔三七〕	二十五	二十四
淮南	三十七	三十六	三十五
燕	二十四坐禽獸	二十三	二十二
趙	二十八	二十七來朝。	二十六
河間	二	恭王不害元年	二十六來朝。
廣川	九	八	七
中山	二十七	二十六	二十五
常山	十八	十七	十六
梁	九	八	七
濟東	十七	十六	十五
代	五	四	三
長沙	康王庸元	二十七	二十六

	二
年	二
年〔三八〕	二
	二十七
	五　薨，無後，國除，為郡。
	十七
	二十五
	三
	二十八　來朝。
	二十二
	王建元年
	三十八
行自殺，國除，為郡。	
	二十九
	三
	十
	二十八
	十九
	十　來朝。
	十八
	六
年	二

	124	125	126
	五	四	三
楚	五	四 來朝。	三
魯	五	四	三
衡山	三十	二十九	二十八
城陽	二十	十九	十八
濟北	二十八	二十七	二十六
菑川	六	五	四
膠西	三十一	三十	二十九
膠東	二十五 來朝。	二十四	二十三
江都	四	三	二
淮南	四十一 安有罪，削	四十	三十九
趙	三十二	三十一	三十
河間	二	剛王堪元年	四 薨。
廣川	十三	十二	十一
中山	三十一	三十	二十九 來朝。
常山	二十二 來朝。	二十一	二十
梁	十三	十二	十一
濟東	二十一	二十 來朝。	十九
代	九	八	七
長沙	五	四	三

121	122	123	
二	元狩元年	六	
八	七	六	
八 來	七	六	
	三十二 反，自殺，國除。	三十一	
三十三	三十二	三十一 來朝。	
三十一	三十	二十九	
九	八	七	
三十四	三十三	三十二	
二十八	二十七	二十六	
七 反，	六	五	
置六	四十三 反，自殺。	四十二	國二縣。
三十五	三十四 來朝。	三十三	
五	四	三	
十六	十五	十四 來朝。	
三十四	三十三	三十二	
二十五	二十四	二十三	
十六	十五	十四	
二十四	二十三	二十二	
十二 來	十一	十	
八 來	七	六	

國	
楚	
魯	朝。
城陽	
濟北	
菑川	
膠西	
膠東	
江都	自殺，國除，爲廣陵郡。
六安	安國，以故陳爲都。七月丙子。[集解]徐廣曰：「一
趙	
河間	
廣川	
中山	
常山	
梁	
濟東	
代	朝。
長沙	朝。

云王子。初王恭王慶元年。膠東王子〔三八〕。

	118	119	120
	五	四	三
楚	十一	十來朝。	九
魯	十一	十	九
齊	復置齊國。		
城陽	二十六來朝薨。	二十五	二十四
濟北	三十四	三十三	三十二來朝。
菑川	十二來朝。	十一	十
膠西	三十七	三十六	三十五
膠東	三	二	哀王賢元年
廣陵	更爲廣陵國。		
六安	四	三	二
燕	復置燕國。		
趙	三十八	三十七	三十六
河間	八	七	六
廣川	十九	十八	十七
中山	三十七	三十六	三十五來朝。
常山	二十八	二十七	二十六
梁	十九	十八	十七
濟東	二十七	二十六來朝。	二十五
代	十五	十四	十三
長沙	十一	十	九

六

十二

十二

四月乙巳，初王懷王閎元年。武帝子。

敬王義元年

三十五

十三

三十八

四

四月乙巳，初王胥元年。武帝子。

五

四月乙巳，初王剌王旦元年。武帝子。【索隱】謚法：

三十九

九　來朝。

二十

三十八

三十九　來朝。

二十

三十八

十六

十二

	元鼎元年	
楚	十三	
魯	十三	
泗水		
齊	二	
城陽	二	
濟北	三十六	
菑川	十四	
膠西	三十九	
膠東	五	
廣陵	二	
六安	六	
燕	二	「暴慢無親曰刺。」
趙	四十	
河間	十	
廣川	二十二 來朝。	
中山	三十九	
清河		
常山	三十	
梁	二十二	
濟東	二十九 剽攻殺人，遷上庸，國爲大	
代	十七	
長沙	十三	

114	115	
三	二	
節王純元年	十四 薨。	
十五	十四 來朝。	
初置泗水，都郯。集解徐廣曰：「泗水		
四	三	
四	三	
三十八	三十七	
十六	十五	
四十一	四十	
七	六	
四	三	
八	七	
四	三	
四十三	四十二	
十二 薨。	十一	
二十三	二十二	
四十一 來朝。	四十	
復置清河國。		
三十二 薨，子為王。	三十一	
二十三	二十二	
		河郡。
十九 徙清河，為太原郡。	十八 來朝。	
十五 來朝。	十四	

	113	
	四	
楚	二	
魯	十六	
泗水	思王商元年。[集解]徐廣曰：「一云勤王商元年。」	屬東海。」
齊	五	
城陽	五	
濟北	三十九	
菑川	十七	
膠西	四十二	
膠東	八	
廣陵	五	
六安	九	
燕	五	
趙	四十三	
河間	頃王授元年	
廣川	二十四	
中山	四十二 薨。	
清河	二十 代王義徙清河年。是爲剛	
真定	更爲真定國。頃王平元年。常	
梁	二十四	
長沙	十六	

	五
	三
	十七
商常山憲王子。	二
	六
	六
	四十
	十八
	四十三
	九
	六
	十
	六
	四十四
	二
	二十五 來朝。
王。	哀王昌元年。即年薨。
	二十二
山憲王子。	二
	二十五
	十七

	111 六
楚	四
魯	十八
泗水	三
齊	七
城陽	七
濟北	四十二 來朝。
菑川	十九
膠西	四十四
膠東	十
廣陵	七
六安	十二 來朝。
燕	七
趙	四十五
河間	三
廣川	二十六
中山	康王昆侈元年 【索隱】按：蕭該云：謚法：「好樂怠政曰康。」漢書作「
清河	二十二
真定	三
梁	二十六
長沙	十八

109	110	
二	元封元年	
六	五	
二十	十九	
五	四	
	八 薨，無後，國除爲郡。	
九 薨。	八 來朝。	
四十三	四十二	
頃王遺元年	二十	
四十六	四十五	
十二	十一	
九	八	
十三	十二	
九	八	
四十七	四十六	
五	四	
二十八	二十七	
三	二	穰」。昆侈，名。
二十四	二十三	
五	四 來朝。	
二十八	二十七	
二十	十九	

	106	107	108	
	五	四	三	
楚	九	八	七	
魯	二十三	二十二	二十一來朝。	
泗水	八	七	六	
城陽	三	二	慧王武元年	
濟北	四十六	四十五	四十四	
菑川	四	三	二	索隱濟南王辟光之孫也。
膠西			四十七薨，無後，國除。	
膠東	戴	十四	十三	
廣陵	十二	十一	十	
六安	十六	十五	十四	
燕	十二	十一	十	
趙	五十	四十九	四十八	
河間	八	七	六	
廣川	三十一	三十	二十九	
中山	六	五	四	
清河	二十七	二十六	二十五來朝。	
真定	八	七	六	
梁	三十一	三十	二十九	
長沙	二十三	二十二	二十一	

103	104	105	
二	太初元年	六	
十二	十一	十	
二十六	二十五	二十四	朝泰山。
哀王	十 薨。	九	
六	五	四	
四十九	四十八	四十七	朝泰山。
七	六	五	
四	三	二	王通平元年
十五	十四	十三	
十九	十八 來朝。	十七	
十五	十四	十三	
五十三	五十二	五十一	
十一	十	九	
三十四	三十三	三十二	
九 來	八	七	
三十	二十九	二十八	
十一	十	九 來朝。	
三十四	三十三	三十二	
二十六	二十五	二十四	

楚	
魯	
泗水	安世元年。即戴王賀元年。安世子。[索隱]廣川
城陽	
濟北	
菑川	
膠東	
廣陵	
六安	
燕	
趙	
河間	
廣川	
中山	朝。
清河	
真定	
梁	
長沙	

	102	101
	三	四
	十三	十四
	二十七	二十八
惠王子也。	二	三
	七〔三九〕	〔四〇〕
	五十	五十一
	八	九
	五	六
	十六	十七
	二十	二十一
	十六	十七
	五十四	五十五
	十二	十三
	三十五	三十六
	十	十一
	三十一	三十二
	十二	十三
	三十五	三十六 來朝。
	二十七	二十八 來朝。

集解〔四一〕徐廣曰：孝武太始二年，廣陵、中山、真定王來朝。孝宣本始元年，趙來朝。二年，廣川來朝。四年，清河來朝。孝宣地節元年，梁來朝。二年，河閒來朝。三年，濟北來朝〔四二〕，濟北分平原、太山二郡。

【索隱述贊】漢有天下，爰覽興亡〔四三〕。始誓河岳，言峻寵章。淮陰就楚，彭越封梁。荆燕懿戚，齊趙棣棠。犬牙相制，麟趾有光。降及文景，代有英王。魯恭、梁孝，濟北、城陽。仁賢足紀，忠烈斯彰。

校勘記

〔一〕爲梁楚吴淮南長沙國　「吴」字原無，據景祐本、紹興本、耿本、黄本、彭本、柯本、凌本、殿本補。

〔二〕忕邪臣計謀　「忕」，景祐本、紹興本、黄本、彭本、索隱本、柯本、凌本作「怵」，疑是。按：本書卷一〇八韓長孺列傳：「今大王列在諸侯，悦一邪臣浮説，犯上禁，橈明法。」索隱：「悦，漢書作『訹』。説文云『訹，誘也』。」漢書卷六武帝紀「怵於邪説」顔師古注：「怵，或體訹字耳。訹者，誘也，音如戌亥之戌。南越傳曰『不可怵好語入朝』。」本書卷八四屈原賈生列傳「怵迫之徒兮，或趨西東」集解引孟康曰：「怵，爲利所誘怵也。」漢書卷五二韓安國傳：「今大王列在諸侯，訹邪臣浮説，犯上禁，橈明法。」顔師古注：「訹，誘也，音戌。」

〔三〕淮南分三　南宋王益之西漢年紀引史記諸侯年表序作「淮南分爲三」。漢書卷一四諸侯王表亦有「爲」字。李笠廣史記訂補卷三：「『分』下脱『爲』字。以上文齊、趙、梁三句例之自明。」

〔四〕初王武王英布元年　錢大昕考異卷二：「『武王』二字衍。布已誅死，安得有謚？」按：錢説誤。「武王」乃英布生前已有之稱號，史記記載非一。如：本書卷八高祖本紀：「漢王敗固陵，乃使使者召大司馬周殷舉九江兵而迎武王，行屠城父，隨劉賈、齊梁諸侯皆大會垓下。立武王布爲淮南王。」卷五一荆燕世家：「周殷反楚，佐劉賈舉九江，迎武王黥布兵，皆會垓下，共擊項籍。」

〔五〕後九月壬子　「後」字原無。梁玉繩志疑卷一〇：「封綰在後九月，非九月也。月表、將相表、漢異姓表甚明。」今據補。

〔六〕景祐本、凌本、殿本此欄有「初王喜元年」五字，疑此有脱誤。按：漢書卷一四諸侯王表代王喜六年正月壬子立，依表例，此當云「正月壬子，初王喜元年」。

〔七〕景祐本此欄有「匈奴攻代代王喜棄其國亡歸漢」十三字，疑當在七年。參見上條。

〔八〕友高祖子　此下原有「徙趙」二字。梁玉繩志疑卷一〇：「『徙趙』二字衍。」按：孝惠元年云「淮陽王徙於趙，名友」，又云淮陽「爲郡」。本書卷九呂太后本紀：「孝惠元年十二月，帝晨出射，趙王少，不能蚤起。太后聞其獨居，使人持酖飲之。犂明，孝惠還，趙王已死。於是迺徙淮陽王友爲趙王。」則友徙趙不當在高祖時。今據删。

〔九〕正月丙子　「正月」，景祐本、紹興本、耿本、黄本、彭本、柯本、殿本作「二月」。按：漢書卷一四諸侯王表作「正月」。

〔一〇〕二月甲午　「二月」，原作「三月」。梁玉繩志疑卷一〇：「『三月』當作『二月』。」張文虎札記卷二：「案術推，二月辛巳朔，十四日甲午。」按：漢書卷一四諸侯王表作「二月」。今據改。

〔一一〕淮陽王徙於趙名友　「於」字疑衍，「名友」二字疑爲注文。

〔一二〕元王張偃元年　梁玉繩志疑卷一〇：「『元王』乃『初王』之誤。」按：「元王」上疑脱「初王」二字。諸國分封，表或云「初王某」，或無「初」字，而書其謚；或既稱「初王」，復列謚號，似無定例。

〔一三〕哀王弟　此上原有「皇子」二字。梁玉繩志疑卷一〇：「『皇子』二字衍。」按：下云「哀王弟」，又云「義，孝惠子」，此不當有「皇子」二字。今據刪。

〔一四〕立爲帝　梁玉繩志疑卷一〇：「『立爲帝』上缺『後』字。」張文虎札記卷二：「中統、游本無此三字。」按：疑「立爲帝」三字當在四年「五月丙辰」下，錯簡在此。本書卷九呂太后本紀：「五月丙辰，立常山王義爲帝，更名曰弘。不稱元年者，以太后制天下事也。以軹侯朝爲常山王。」本卷代王十八年（孝文元年）云「爲文帝」。

〔一五〕十一月癸亥　「癸亥」，景祐本、紹興本、耿本作「癸巳」。

〔一六〕恭王右元年　「右」，凌本作「若」，漢書卷一三異姓諸侯王表同。

〔一七〕幽死　原作「楚呂產徙梁元年」，據景祐本、殿本改。按：梁玉繩志疑卷一〇：「史詮曰湖本缺『幽死』二字，誤刻『楚呂產徙梁元年』七字，削之。」本書卷九呂太后本紀呂后七年正月丁丑，「趙王幽死」。卷二二漢興以來將相名臣年表：「（高后七年）趙王幽死，以呂祿爲趙王。梁王徙趙，自殺。」參見下條。

〔一八〕徙王趙　此上原有「十六」二字。張文虎札記卷二：「『十六』二字亦衍。」按：此爲梁王呂產元年，依表例不應有「十六」二字。今據刪。

〔一九〕二月丁巳　「二月」，原作「七月」。梁玉繩志疑卷一〇：「紀作『二月』是。」按：據顓頊日曆表，高后七年七月戊午朔，無丁巳；二月庚寅朔，丁巳爲二十八日。今據改。

〔一〇〕孝文前元年　張文虎札記卷二：「『前』字後人妄增。索隱本於下出『孝文二年』，無『前』字，是所見本尚未增。紀及將相表皆不著『前』字，它表有者亦後人所增，孝景表放此。」按：各本皆有「前」字，未必爲衍文。表元年之後但標數字，索隱本稱「孝文二年」，取其簡便，不足證表文無「前」字。表下云「孝景前元年」，文例正同。又紀、表體例不必盡同，不可以彼例此。至漢興以來將相名臣年表乃後人續補，尤不足據。史記諸傳，標舉孝文、孝景之年，多有云「前某年」者。

〔一一〕初置城陽郡　本書卷五二齊悼惠王世家「城陽景王章」正義引年表有「都莒」二字，疑今本脱。

〔一二〕城陽王喜徙淮南元年　本書卷五二齊悼惠王世家「徙王淮南」正義引年表有「都陳」二字，疑今本脱。

〔一三〕分爲膠西都宛　梁玉繩志疑卷一〇：「（宛）齊悼惠王世家正義引表云『都高宛』。考水經注二十四卷『時水又西逕東高苑城中，史記漢文帝十五年分齊爲膠西王國，都高苑，徐廣音義曰：樂安有高苑城，俗謂之東苑也』。據此，則史表舊文是『高苑』，傳刻脱一『高』字耳。宛與苑同。」

〔一四〕樂安有宛縣　「宛縣」，水經注卷二四瓠子河引徐廣注作「高苑城」。錢大昕考異卷二：「『宛』上當有『高』字。」參見上條。

〔一五〕都江陵　「江陵」，原作「江都」。錢大昕考異卷二：「當作『都江陵』。」按：共敖爲臨江王，都江陵。」其後景帝子閼于、榮先後封臨江，亦以江陵爲都。本書卷五九五宗世家：「臨江閔王榮，以孝景前四年爲皇太子。四歲廢，用故太子爲臨江王。四年，坐侵廟壖垣爲宫，上徵榮。榮行，祖於江陵北門。」今據改。

〔二六〕復置淮陽國　「復」，原作「初」。梁玉繩志疑卷一〇：「史詮曰『復』作『初』，誤。」按表孝惠七年云「復置淮陽國」，孝文三年又云「復置淮陽國」，此不得云「初置」。今據改。

〔二七〕初王閼于元年　景祐本、紹興本、耿本、黄本、彭本、柯本、凌本、殿本無「于」字，漢書卷一四諸侯王表同。

〔二八〕二　「二」字原無，據景祐本、紹興本、耿本、黄本、彭本、柯本、凌本、殿本補。按：漢書卷一四諸侯王表魯恭王餘景帝二年三月甲寅立爲淮陽王，二年，徙王魯。

〔二九〕廬江王賜徙衡山元年　「衡山」下原有「王」字。梁玉繩志疑卷一〇：「『元年』上『王』字，依表例當衍。」今據删。

〔三〇〕初置江都六月乙亥汝南王非爲江都王元年是爲易王　梁玉繩志疑卷一〇：「據景紀是三年事，六月乙亥，正與封魯王、菑川王月日同，則此置四年非也。以後皆當移前一格。」按：梁説是。本書卷一一孝景本紀立皇子端爲膠西王，子勝爲中山王，徙淮陽王餘爲魯王，汝南王非爲江都王同在孝景三年。今表膠西、中山、淮陽三王封、徙皆在三年六月乙亥，獨江都王誤在四年。漢書卷五三景十三王傳江都易王非在位二十七年。盱眙大雲山江都王墓出土明器耳杯有「廿七年二月南工官監延年大奴固造」銘文，知江都王在位二十七年。孝景三年至武帝元朔元年正二十七年。今表在位之年二十六，由徙封誤後一年故也。

〔三一〕武王　疑當作「式王」。按：漢書卷一五上王子侯表上五據、富、平、羽康、胡母五侯皆云「濟北式王子」。卷四四濟北王傳：「子式王胡嗣，五十四年薨。子寬嗣。十二年，寬坐與父式王后光、姬孝兒姦，誖人倫，又祠祭祝詛上，有司請誅。」

〔三二〕景帝太子廢爲王　「爲王」二字原無，據景祐本、紹興本、耿本、黄本、彭本、柯本、凌本、殿本補。

〔三三〕清陽　原作「濟陽」。錢大昕考異卷二：「『濟陽』當作『清陽』。漢書地理志清河郡清陽縣注云『王都』，是其證也。」按：本書卷五八梁孝王世家「而徙代王王清河」集解引徐廣曰：「都清陽。」今據改。

〔三四〕廟境外之墟　張文虎札記卷二：「疑當作『廟垣外之墟』。」按：疑當作「廟牆外之垣」。本書卷五九五宗世家「坐侵廟壖垣」索隱：「壖垣，牆外之短垣也。」卷一〇一袁盎鼂錯列傳「鑿廟壖垣」索隱：「謂牆外之短垣也。」

〔三五〕三月丁巳　梁玉繩志疑卷一〇：「是年三月無丁巳，此與漢表同誤，當作『四月』，故史、漢本紀書曰夏。」

〔三六〕安王光元年　梁玉繩志疑卷一〇：「光在位四十年，以征和四年薨，史當稱『今王光』，後人改之。」

〔三七〕二十六　梁玉繩志疑卷一〇：「當作二十七。」按：梁説是。漢書卷五三景十三王傳云「二十七年薨」。盱眙大雲山江都王墓出土明器耳杯有「廿七年二月南工官監延年大奴固造」銘文，知易王在位二十七年。參見本卷校記〔三〇〕。

〔三八〕置六安國以故陳爲都七月丙子初王恭王慶元年膠東王子　梁玉繩志疑卷一〇：「六安即衡山故地，則置六安事應在衡山國除之後，不應在淮南格中。今當於淮南補書曰『國除爲九江郡』，於衡山更書云『初置六安國，都陳。七月丙子，初王慶元年。膠東康王子』。此表舊文之舛漏，與後人之增改，兼有之也。」

〔三九〕（城陽）七　「七」下原有「薨」字。梁玉繩志疑卷一〇：「『薨』字衍，慧王在位十一年也。」按：漢書卷一四諸侯王表惠王武元封三年嗣，十一年薨，天漢四年荒王順嗣。今據删。

〔四〇〕此處原有「荒王賀元年」五字。梁玉繩志疑卷一〇：「『荒王賀元年』五字衍，乃慧王之八年也，格内當補書『八』字。」按：漢書卷一四諸侯王表荒王名順，天漢四年嗣，四十六年薨，史表無由稱荒王之謚。今據删。

〔四一〕集解　此二字原無，據殿本補。

〔四二〕濟北來朝　此四字原無，據景祐本、紹興本、耿本、黄本、彭本、柯本、凌本、殿本補。

〔四三〕爰覽興亡　「覽」，黄本、彭本、索隱本、柯本、凌本、殿本作「鑒」。

史記卷十八

高祖功臣侯者年表第六

正義高祖初定天下，表明有功之臣而侯之，若蕭、曹等。

太史公曰：古者人臣功有五品，以德立宗廟定社稷曰勳，以言曰勞，用力曰功，明其等曰伐，積日曰閱。封爵之誓曰：「使河如帶，泰山若厲。國以永寧，爰及苗裔。」【一】始未嘗不欲固其根本，而枝葉稍陵夷衰微也。

【一】集解應劭曰：「封爵之誓，國家欲使功臣傳祚無窮。帶，衣帶也；厲，砥石也。河當何時如衣帶，山當何時如厲石，言如帶厲，國乃絶耳。」

余讀高祖侯功臣，察其首封，所以失之者，曰：異哉所聞！書曰「協和萬國」，遷于夏商，或數千歲。蓋周封八百，幽厲之後，見於春秋。尚書有唐虞之侯伯，歷三代千有餘載，自全以蕃衛天子，豈非篤於仁義，奉上法哉？漢興，功臣受封者百有餘人。【一】天下初定，故大城名都散亡，户口可得而數者十二三，〔二〕是以大侯不過萬家，小者五六百户。後數世，民咸歸鄉里，户益息，蕭、曹、絳、灌之屬或至四萬，小侯自倍，〔三〕富厚如之。子孫驕溢，忘其先，淫嬖。至太初百年之閒，見侯五，〔四〕餘皆坐法隕命亡國，秏矣。罔亦少密焉，然皆身無兢兢於當世之禁云。

〔一〕索隱案：下文高祖功臣百三十七人，兼外戚及王子，凡一百四十三人。

〔二〕索隱言十分纔二、三在耳。

〔三〕索隱倍其初封時户數也。

〔四〕正義謂平陽侯曹宗、曲周侯酈終根、陽阿侯齊仁、戴侯祕蒙、穀陵侯馮偃也。

居今之世，志古之道，所以自鏡也，〔一〕未必盡同。帝王者各殊禮而異務，要以成功爲統紀，豈可緄乎？觀所以得尊寵及所以廢辱，亦當世得失之林也，〔二〕何必舊聞？於是謹其終始，表見其文，頗有所不盡本末；著其明，疑者闕之。後有君子，欲推而列之，得以覽焉。

〔一〕索隱言居今之代，志識古之道，得以自鏡當代之存亡也。

〔二〕索隱言觀今人臣所以得尊寵者必由忠厚，被廢辱者亦由驕淫，是言見在興廢亦當代得失之林也。

國名	【正義】此國名匡左行一道，咸是諸侯所封國名也。
侯功	
高祖十二	
孝惠七	
高后八	
孝文二十	三
孝景十六	
建元至元封六年三十六，太初元年盡後元二年十八〔三〕。	
侯第	【索隱】姚氏曰：「蕭何第一，曹參二，張敖三，周勃四，樊噲五，酈商六，奚涓七，夏侯嬰八，灌嬰九，傅寬十，靳歙十一，王陵十二，陳武十三，王吸十四，薛歐十五，周昌十六，丁復十七，蟲

達十八〔三〕。史記與漢表同。而楚漢春秋則不同者，陸賈記事在高祖、惠帝時。漢書是後定功臣等列，及陳平受呂后命而定，或已改邑號，故人名亦別。且高祖初定唯十八侯，呂后令陳

平陽 〔索隱〕案：漢書地理志平陽縣屬河東。

以中涓〔集解〕如淳曰：「謁主通書，謂出納君命。石奮爲謁中涓，受陳平謁是也。春秋傳曰涓人疇。漢儀注天子有中涓，如黄門，皆中官也。」從起沛，至霸上，侯。以將軍入漢，以左丞相出征齊、魏，以右丞相爲平陽侯，萬六百

七 六年十二月甲申，懿侯曹參元年。〔索隱〕懿，謚也。

五 其二年爲相國。

二 六年十月，靖侯窋元年。

八

十九

四 後四年，簡侯奇元年。

三

十三 四年，夷侯時〔索隱〕夷侯時。音止，又音市。案：曹參系家作「時」，今表或作「時」。案漢書衞青傳平陽侯曹壽尚陽信

十

十六 元光五年，恭侯襄元年。

元鼎三年，今侯宗元年。

二 〔集解〕漢書音義曰：「曹參位第二而表在首，以前後故。」〔索隱〕漢書音義曰：「曹參位第二而表在首，蕭何位第一而

平終竟以下列侯第録，凡一百四十三人也。」

户。

公主，即此人，當是字訛。

元年。

表在十三者，以封先後故也。」又案：封參在六年十二月，封何在六年正月，高祖十月因秦改元，故十二月在正月前也。漢表具記位次，而亦依封前後録也。

國名	侯功	高祖十二	孝惠七	高后八	孝文二十三	孝景十六	建元至元封六年三十六	侯第
信武 【索隱】案：地理志無信武縣，當是後廢故也。	以中涓從起宛朐，入漢，以騎都尉定三秦，擊項羽，别定江陵，侯，五千三百户，以車騎將軍攻黥布、陳豨。	七 六年十二月甲申，肅侯靳歙元年。【索隱】靳，姓也，音紀覲反。歙音攝，又音吸。	七	五 三 六年，夷侯亭元年。	十八 後三年，侯亭坐事國人過律，奪侯，國除。			十一
清陽 【索隱】漢表作「清河」〔四〕。地理志清陽縣屬清河郡。	以中涓從起豐，至霸上，爲騎郎將，入漢，以將軍擊項羽，功侯，三千一百户。	七 六年十二月甲申，定侯王吸元年。【索隱】楚漢春秋作「清陽侯王隆」。	七	八	七 元年，哀侯彊元年。【索隱】彊，其良反。 十六 八年，孝侯伉元年。【索隱】伉，苦浪反。	四 十二 五年，哀侯不害元年。	七 元光二年，侯不害薨，無後，國除。	十四

汝陰	陽陵
汝陰 【索隱】汝陰縣屬汝南。凡縣名皆據地理志，不言者，從省文也。	陽陵 【索隱】陽陵縣屬馮翊。楚漢春
以令史從降沛，爲太僕，常奉車，爲滕公，竟定天下，入漢中，全孝惠、魯元，侯，六千九百户。常爲太僕。	以舍人從起橫陽，至霸上，爲騎將，[六]入漢，定三秦，屬淮陰，定
七 六年十二月甲申，文侯夏侯嬰元年。	七 六年十二月甲申，景侯傅寬元年。
七	五 六年，頃侯靖元年[七]。 二
八	八
八 七 九年，夷侯竈元年。 八 十六年，恭侯賜元年。	十四 十五年，恭侯則元年。 九
十六	三 前四年，侯偃元年。 十三
七 元光二年，侯頗元年。元鼎二年，侯頗坐尚公主與父御婢姦罪，自殺，[五]國除。 十九	十八 元狩元年，侯偃坐與淮
八	十

國名	侯功	高祖十二	孝惠七	高后八	孝文二十三	孝景十六	建元至元封六年三十六	太初已後
秋作「陰陵」。	齊，爲齊丞相，侯，二千六百户。						南王謀反〔八〕，國除。	
廣嚴〔九〕 索隱 晉書地道記，廣縣在東莞。嚴，謚也。下又云「壯」，班馬二史並誤也。	以中涓從起沛，至霸上，爲連敖，入漢，以騎將定燕、趙，得將軍，侯，二千二百户。	七 六年十二月甲申，壯侯召歐元年。索隱 歐，烏后反。	七	八	一 九 十三 二年，戴侯勝元年。十一年，恭侯嘉元年。至後七年，嘉薨，無後，國除。			二十八
廣平 索隱 縣	以舍人從起豐，至霸上，爲郎中，	七 六年十二月	七	八 元年，靖侯山	十八 五 後三年，	八 平棘 五 中 中五	十五 三 其 元朔四	十五

名，屬臨淮。	博陽 索隱 博陽縣在汝南。
入漢，以將軍擊項羽、鍾離眛功，侯〔一〇〕，四千五百户。	以舍人從起碭，以刺客將入漢，以都尉擊項羽滎陽，絶甬道，擊殺追卒功，侯。
甲申，敬侯薛歐元年。	七 六年十二月甲申，壯侯陳濞元年。索隱 楚漢春秋名濆。
	七
元年。	八
侯澤元年。	十八 五 後三年，侯始元年。
二年，有罪，絶。 年，復封節侯澤元年。	四 前五年，侯始有罪，國除。 塞二 中五年，復封始。索隱 塞在桃
十年，爲丞相。 年，侯穰元年。元狩元年，穰受淮南王財物，稱臣，在赦前，詔問謾罪，國除。	
	十九

	曲逆 [索隱]縣名，屬中山，章帝改曰蒲陰也。	堂邑 [索隱]縣名，屬臨淮也。
	以故楚都尉，漢王二年初從修武，爲都尉，遷爲護軍中尉；出六奇計，定天下，侯，五千户。	以自定東陽，爲將，屬項梁，爲楚柱國。四歲，項羽死，屬漢，定豫章、
	七 六年十二月甲申，獻侯陳平元年。	七 六年十二月甲申，安侯陳嬰元年。
	七 其五年，爲左丞相。	七
	八 其元年，徙爲右丞相；後專爲丞相，相孝文二年。	四 五年，恭侯祿元年。 四
	二 三年，恭侯買元年。 二 五年，簡侯悝元年。 十九	二 三年，夷侯午元年。 二十一
林也。 後元年，始有罪，國除。	四 五年，侯何元年。 十二	十六
	十 元光五年，侯何坐略人妻，棄市，國除。	十一 元光六年，季須元年。 十三
	四十七	八十六

（前國，續）	周呂
	周呂 索隱 應劭云：「周呂，國也。」案：「周」及
浙江都浙自立爲王壯息[一二]，侯，千八百户。復相楚元王十一年[一三]。索隱 案：漢表作「定浙江都浙自立爲王壯息，侯」。玄孫融以公主子改封隆慮[一三]。音林慮也。	以呂后兄初起以客從，入漢爲侯。還定三秦，將兵先入碭。漢王之解彭城，往從
	三 六年正月丙戌，令武 四 九年，子台封酈侯元
	七
年。	
元鼎元年，侯須坐母長公主卒，未除服，姦，兄弟爭財，當死，自殺，國除。	

「呂」皆國名。濟陰有呂都縣。

建成 【索隱】縣

之，復發兵佐高祖定天下，功侯。

以呂后兄初起以客從，擊三秦。

侯呂澤元年。

年〔一四〕。

【索隱】令武，謚也。一云：「令邑；武，謚也。」又改封令，令，縣名，在滎陽，出晉地道記。

【索隱】酈音歷。一作「鄜」，音敷，皆縣名。

七

六年正月丙

二

三年，

五

胡陵七

元年

八年，

名，屬沛郡。
漢王入漢，而釋之還豐沛，奉衛呂宣王、太上皇。天下已平，封釋之爲建成侯。索隱 呂宣王，呂公謚也。
戊，康侯釋之元年。
侯則元年。有罪。
五月丙寅，封則弟大中大夫呂禄元年。 禄爲趙王[一五]，國除。追尊康侯爲昭王。禄以趙王謀爲不善，大臣誅禄，遂滅呂。

留	射陽
留【索隱】韋昭云：「留，今在彭城。」	射陽【索隱】縣名，屬臨淮。射，一作「貰」。
以廄將從起下邳，以韓申徒下韓國，言上張旗志，秦王恐，降，解上與項羽之郄，爲漢王請漢中地，常計謀平天下，侯，萬户。	兵初起，與諸侯共擊秦，爲楚左令尹，漢王與項羽有郄於鴻門，項伯纏解難，以破羽纏嘗有功，封射陽侯。
六年正月丙午，文成侯張良元年。【索隱】漢表「文平」。案：良傳謚「文成」也。 七	六年正月丙午，侯項纏元年。賜姓劉氏。【索隱】項伯也。 七
七	二 三年，侯纏卒。嗣子睢有罪，國除。
二 三年，不疑元年。 六	
四 五年，侯不疑坐與門大夫謀殺故楚內史，當死，贖爲城旦，國除。	
六十二	

酇　索隱酇音贊，縣名，在沛。劉氏云「以何子禄嗣，無後，國除；呂后封何夫人於南陽酇」，恐非也。

以客初起從入漢，爲丞相，備守蜀及關中，給軍食，佐上定諸侯，爲法令，立宗廟，侯，八千户。

六年正月丙午，文終侯蕭何元年。元年，爲丞相；九年，爲相國。七

二　三年，哀侯禄元年。五

一　二年，懿侯同元年。同，禄弟。〔一六〕七

十九　筑陽　元年，同有罪，封何小子延元年。一　後四年，煬侯遺元年。三　後五年，侯則元年。　索隱筑音逐。筑，縣。

一　有罪。

七　武陽　前二年，封煬侯弟幽侯嘉元年。八　中二年，侯勝元年。

十三　元朔二年，侯勝坐不敬，絶。

三　酇　元狩三年，封何曾孫恭侯慶元年〔一七〕。

元狩六年，侯壽成元年。元封四年，壽成爲太常，犧牲不如令，國除。十一

曲周 [索隱]縣名，屬廣平。 堅紹封。	
以將軍從起岐，攻長社以南，別定漢中及蜀，定三秦，擊項羽，侯，四千八百户。	
七 六年正月丙午，景侯酈商元年。	
七	
八	
二十三 元年，侯寄元年。	名。
九 有罪絶〔一八〕。 繆七 中三年，封商他子靖侯堅元年。	
九 五 元光四年，康侯遂元年。 十一 元朔三年，侯宗元年。 二十八 元鼎二年，侯終根元年〔一九〕。後元二年，侯終根坐呪詛誅，國除〔二〇〕。	
六	

國名	侯功	高祖十二	孝惠七	高后八	孝文二十三	孝景十六	建元至元封六年三十六	侯第
絳 [索隱] 縣名，屬河東。子亞夫爲條侯。	以中涓從起沛，至霸上，爲侯。定三秦，食邑，爲將軍。入漢，定隴西，擊項羽，守嶢關，定泗水、東海。八千一百户。	七 六年正月丙午，武侯周勃元年。	七	八 其四年爲太尉。	十一 元年，爲右丞相，三年，免。復爲丞相。[二] 六 十二年，侯勝之元年。 條 六 後二年，封勃子亞夫元年。	十三 其三年，爲太尉；七爲丞相。[三]有罪，國除。 三 平曲 後元年，封勃子恭侯堅元年。	十六 元朔五年，侯建德元年。元鼎五年，侯建德坐酎金，國除。 十二	四

舞陽 [索隱]縣名，屬潁川。	潁陰 [索隱]縣名，屬潁川。
以舍人起沛，從至霸上，爲侯。入漢，定三秦，爲將軍，擊項籍，再益封。從破燕，執韓信，侯，五千户。	以中涓從起碭，至霸上，爲昌文君。入漢，定三秦，食邑。以車騎將軍屬淮陰，定齊、
七 六年正月丙午，武侯樊噲元年。其七年，爲將軍、相國三月。	七 六年正月丙午，懿侯灌嬰元年。
六 一 七年，侯伉元年。吕須子。	七
八 坐吕氏誅，族。	八
二十三 元年，封樊噲子荒侯市人元年。	四 其一，爲太尉；三，爲丞相。 十九 五年，平侯何元年。
六 六 七年，侯它廣元年。中六年〔三〕，侯它廣非市人子〔四〕，國除。	九 七 中三年，侯彊元年。
	六 有罪，絶。 九 元光二年，封嬰孫賢爲臨汝侯。
五	九

	汾陰 [索隱]縣名，屬河東。
淮南及下邑，殺項籍，侯，五千户。	初起以職志擊破秦，入漢，出關，以內史堅守敖倉，以御史大夫定諸侯，比清陽
	七 六年正月丙午，悼侯周昌元年。
	三 建平四 四年，哀侯開方元年。
	八
相。	四 前五年，侯意元年。 十三 有罪，絕。
	安陽八 中二年，封昌孫左車。〔三六〕
侯賢元年。〔三五〕 元朔五年，侯賢行賕罪，國除。	建元元年，有罪，國除。
	十六

	梁鄒【索隱】縣名，屬濟南。
侯，二千八百户。【索隱】如淳云：「職志，官名，主幡旗。」	兵初起，以謁者從擊破秦，入漢，以將軍擊定諸侯，功比博陽侯，二千八百户。
	七 六年正月丙午，孝侯武儒元年。【索隱】漢表儒作「虎」。
	四 三 五年，侯最元年。
	八
	二十三
	十六
	六 三 元光元年，頃侯嬰齊元年。 二十 元光四年，侯山柎元年。【索隱】柎音夫也。元鼎五
	二十

	成 [索隱]縣名，屬涿郡。
	兵初起，以舍人從擊秦，爲都尉；入漢，定三秦。出關，以將軍定諸侯，功比厭次侯，二千八百户。
	七 六年正月丙午，敬侯董渫元年。[索隱]渫音息列反。子赤，封節氏侯。
	七 元年，康侯赤元年。
	八
	二十三
	六 有罪，絕。 節氏 五 中五年，復封康侯赤元年。[索隱]節氏，縣名。
年，侯山柎坐酎金，國除。	三 建元四年，恭侯罷軍 五 元光三年，侯朝元年。 十二 元狩三年，侯朝爲
	二十五

蓼 索隱 縣名，屬六安。	
以執盾前元年從起碭，以左司馬入漢，爲將軍，三以都尉擊項羽，屬韓信，功侯。	
七 六年正月丙午，侯孔藂元年。索隱 姚氏案：孔子家語云	
七	
八	
八	
十五 九年，侯臧元年。	
十六	
十四 元朔三年，侯臧坐爲太常，南陵	元年[二七]。濟南太守，與成陽王女通，不敬，國除。
三十	

索隱 即漢五年圍羽垓下，淮陰侯將四十萬自當之〔二八〕，孔將軍居左，費將軍居右是也。費將軍即下費侯陳賀也。

「子武生子魚及子文，文生冣，字子產」。說文以「冣」爲「積聚」字，此作「藂」，不同。

橋壞，衣冠車不得度，國除。

索隱 案：孔藂云「臧歷位九卿，爲御史大夫，辭曰：『臣經學，乞爲太常典禮。臣家業與安國，綱紀古訓。』武帝難違其意，遂拜太常典禮，賜如三公。臧子琳位至諸侯，琳子璜失侯爵。」此云臧國除，當是後更封其子也。

費	索隱 費音祕，一音扶未反。縣名，屬東海。
以舍人前元年從起碭，以左司馬入漢，用都尉屬韓信，擊項羽，有功，爲將軍，定會稽、浙江、湖陽，侯。	
七	六年正月丙午，圉侯陳賀元年。集解 徐廣曰：「圉，或作『幽』。」
七	
八	
二十三	元年，共侯常元年。
一 八 巢四	二年，侯偃元年。 中六年，封賀子侯最元年。後
〔二九〕	

陽夏 索隱 縣名，屬淮陽［三〇］。

以特將將卒五百人，前元年從起宛朐，至霸上，爲侯，以游擊將軍別定代，已破臧荼，封豨爲陽夏侯。索隱 豨音虚紀反。

五

六年正月丙午，侯陳豨元年。

十年八月，豨以趙相國將兵守代。漢使召

中二年，有罪，絶。

三年，最薨，無後，國除。

	隆慮【索隱】縣
	以卒從起碭，以連敖【索隱】徐廣
豨，豨反，以其兵與王黃等略代，自立爲王〔三〕。漢殺豨靈丘。	七 六年正月丁
	七
	八
	十七 六 後二
	七 中元年，侯
	三十四

名，屬河內。音林閭。隆，避殤帝諱改也。	陽都 索隱 漢志闕，晉書地道記屬琅邪。
以連敖爲典客官也。入漢，以長鈹都尉 索隱 案：以長鈹爲官名。說文云「鈹者，劍刀裝也」。鈹音敷皮反。漢表作「鉟」，音丕也。擊項羽，有功，侯。	以趙將從起鄴，〔三〕至霸上，爲樓煩將，入漢，定三秦，別降翟王，屬悼武王，殺龍且彭城，爲大司馬；破羽軍葉，拜
未，哀侯周竈元年。索隱 哀，漢表作「克」也。	七 六年正月戊申，敬侯丁復元年。索隱 復音伏。
	七
	五 三 六年，趮侯甯元年。
年，侯通元年。	九 十四 十年，侯安成元年。
通有罪，國除。	一 二年，侯安成有罪，國除。
	十七

	爲將軍，忠臣侯，七千八百户。							
新陽【索隱】漢表作「陽信」。縣名，屬汝南。	以漢五年用左令尹初從，功比堂邑侯，千户。	七 六年正月壬子，胡侯呂清元年。	三 四 四年，頃侯臣元年〔三〕。	八	六 二 十五 七年，懷侯義元年。 九年，惠侯它元年。	四 五 七 五年，恭侯善元年。 中三年，侯譚元年。	二十八 元鼎五年，侯譚坐酎金，國除。	八十一〔三四〕
東武【索隱】縣名，屬琅邪郡。	以户衛【集解】徐廣曰：「一云『從』。」起薛，屬悼武王，破秦軍杠里，楊熊軍曲遇，入漢，	七 六年正月戊午，貞侯郭蒙元年。	七	五 三 六年，侯它元年。	二十三	五 六年，侯它弃市，國除。		四十一〔三五〕

汁方【集解】如淳曰：「汁音什。邡音方。」【索隱】什邡，縣名，屬廣漢。音十方。汁又如字。	
以趙將前三年從定諸侯，侯，二千五百户，功比平定侯。侯齒故沛豪，有力，與上有郄，故晚從。	爲越【集解】徐廣曰：「一作『城』。」將軍，定三秦，以都尉堅守敖倉，爲將軍，破籍軍，功侯，二千户。
七 六年三月戊子，肅侯雍齒元年。	
二 三年，荒侯巨元年。 五	
八	
二十三	
二 三年，侯野元年。 十 中六年，終侯桓元年。 四	
二十八 元鼎五年，終侯桓坐酎金，國除。	
五十七	

棘蒲 〔索隱〕漢志闕。	以將軍前元年率將二千五百人起薛〔三六〕，別救東阿，至霸上，二歲十月〔三七〕。入漢，擊齊歷下軍田既，功侯。	七 六年三月丙申，剛侯陳武元年。	七	八	十六 後元年，侯武薨。嗣子奇反，不得置後，國除。			十三
都昌 〔索隱〕漢志闕。	以舍人前元年從起沛，以騎隊率先降翟王〔三八〕，虜章邯，功侯。	七 六年三月庚子，莊侯朱軫元年。	七	八 元年，剛侯率元年。	七 十六 八年，夷侯詘元年。	二 五 元年，恭侯偃元年。三年，侯辟彊元年。中元年，辟彊薨，無		二十三

武彊【索隱】漢志闕。	
以舍人從至霸上，以騎將入漢。還擊項羽，屬丞相甯，功侯，用將軍擊黥布，侯。	
七　六年三月庚子，莊侯莊不識元年。	
七	
六　二　七年，簡侯嬰元年。	
十七　六　後二年，侯青翟元年。	
十六	後，國除。
二十五　元鼎二年，侯青翟坐爲丞相與長史朱買臣等逮御史大夫湯不直，國除。	
三十三	

貰	海陽
貰 索隱 縣名，屬鉅鹿。貰音世，一音時夜反。	海陽 索隱 海
以越户將從破秦，入漢，定三秦，以都尉擊項羽，千六百户，功比臺侯。	以越隊將從破秦，入漢，定三秦，
二 六年三月庚子，齊侯呂元年。集解 徐廣曰：「呂，一作『台』。」索隱 齊侯呂博國。謚法：「執心克莊曰齊。」 五 八年，恭侯方山元年。	七 六年三月庚
七	二 三年， 五
八	四 五年， 四
十一〔三九〕 元年，煬侯赤元年。 十二 十二年，康侯遺元年。	二十三
十六	三 四年，哀 十
十六 元朔五年，侯倩元年。索隱 倩音青練反，又七淨反也。 八 元鼎元年，侯倩坐殺人弃市，國除。	
三十六	三十七

陽，亦南越縣。地理志闕。	南安 索隱 縣名，屬犍爲。建安亦有此縣。
以都尉擊項羽，侯，千八百户。	以河南將軍漢王三年降晉陽，以亞將破臧荼，侯，九百户。索隱 亞將，漢表作「連將」也〔四〇〕。
子，齊信侯搖毋餘 索隱 案：毋餘，東越之族也。元年。	七 六年三月庚子，莊侯宣虎元年。
哀侯招攘元年。索隱 漢表作「昭襄」也。	七
康侯建元年。	八
	八 十一 四 九年，共侯戎元年。 後四年，侯千秋元年。
侯省元年。中六年，侯省薨，無後，國除。	七 中元年，侯千秋坐傷人免。
	六十三

肥如 [索隱]縣名，屬遼西。應劭云：「肥子奔燕，燕封於此。」肥，國也；如，往也：因以爲縣也。	以魏太僕三年初從，以車騎都尉破龍且及彭城，侯，千户。	七 六年三月庚子，敬侯蔡寅元年。	七	八	二 十四 三年，莊侯成元年。 七 後元年，侯奴元年。	元年，侯奴薨，無後，國除。			六十六
曲城 [索隱]曲城，縣名，漢志闕，表在涿郡。	以曲城户將卒三十七人初從起碭，至霸上，爲執珪，爲二隊將，屬悼武王，入漢，定三秦，以都尉	七 六年三月庚子，圉侯蟲達元年。(四二) [索隱]曲城圉侯蟲達。蟲音如	七	八	八 元年，侯捷元年。有罪，絕。 五 後三年，復封恭侯捷元年。	十三(四三) 有罪，絕。 垣五 中五年，復封恭侯捷元年。	一 二十五 建元二年，侯皋柔元年。元鼎三年，侯皋柔坐爲汝	十八	

破項羽軍陳下，功侯，四千户。爲將軍，擊燕、代，拔之。

字。楚漢春秋云「夜侯蟲達」，蓋改封也。夜縣屬東萊。又謚法：「威德彊武曰圉。」子恭侯捷封垣，故位次曰「夜侯垣」，亦誤。

南太守知民不用赤側錢爲賦，〔四三〕國除。

〔四三〕索隱不用赤側爲賦。案：時用赤側錢，而汝南不以爲賦也。

河陽 [索隱]縣名，屬河內。	淮陰 [索隱]縣名，屬臨淮。
以卒前元年起碭從，以二隊將入漢，擊項羽，身得郎將處，功侯。以丞相定齊地。	兵初起，以卒從項梁，梁死，屬項羽，爲郎中。至咸陽，亡從入漢，爲連敖典客，蕭何言爲大將軍，別定魏、齊，爲王，徙楚，坐擅〔四四〕
七 六年三月庚子，莊侯陳涓元年。	五 六年四月，侯韓信元年。 十一年，信謀反關中，呂后誅信，夷三
七	
八	
三 元年，侯信元年。 四年，侯信坐不償人責過六月，奪侯，國除。	
二十九	

發兵，廢爲淮陰侯。索隱典客，漢表作「粟客」，蓋字誤。漢傳作「治粟都尉」，或先爲連敖典客也。

族，國除。

芒 索隱縣名，屬沛。

以門尉前元年初起碭，至霸上，爲武定君，入漢，還定三秦，以都尉擊項羽，侯。

三

六年，侯昭元年。集解徐廣曰：「昭，一作『起』，漢書年表云芒侯耏跖。」索隱耏跖，音而、隻二音。耏又音人才反。字林以多須髮曰耏。耏，姓也，左傳宋

張十二

孝景三年，昭以故芒侯將兵從太尉亞夫擊吳楚有

三

後元三年，三月，侯申元年。

十七

元朔六年，侯申坐尚南宮公主 索隱南宮公主，景帝女。初，南宮侯張生尚之〔四五〕，有罪，後張侯耏申尚

		有彭班。九年，侯昭有罪，國除。				功，復侯。	之也。不敬，國除。	
故市 索隱 縣名，屬河南。	以執盾初起，入漢，爲河上守，遷爲假相，擊項羽，侯，千户，功比平定侯。	三 六年四月癸未，侯閻澤赤元年。 九年，夷侯毋害元年。 四	七	八	十九 後四年，戴侯續元年。 四	四 孝景五年，侯穀嗣。 十二	二十八 元鼎五年，侯穀坐酎金，國除。	五十五
柳丘 索隱 縣名，屬渤海。	以連敖從起薛，以二隊將入漢，定三秦，以都尉破項籍軍，爲將軍，侯，千户。	六年六月丁亥，齊侯戎賜元年。 七	七	四 五年，定侯安國元年。 四	二十三	三 四年，敬侯嘉成元年。後元年，侯角嗣，有 十		三十九〔四六〕

						罪，國除。		
魏其 索隱 縣名，屬琅邪。	以舍人從沛，以郎中入漢，爲周信侯，定三秦，遷爲郎中騎將，破籍東城，侯，千户。	七 六年六月丁亥，莊侯周定元年。	七	四 五年，侯閒元年。四	二十三	二 前三年，侯閒反，國除。		四十四
祁 索隱 縣名，屬太原。	以執盾漢王三年初起從晉陽，以連敖擊項籍，漢王敗走，賀方將軍擊楚，追騎以故不得進。漢王顧謂賀祁：「子留彭城，軍執圭東擊羽〔四七〕，	七 六年六月丁亥，穀侯繒賀元年。索隱 謚法：「行見中外曰穀。」	七	八	十一 十二年，頃侯湖元年。十二	五 六年，侯它元年。十一	八 元光二年，侯它坐從射擅罷，不敬，國除。集解 徐廣曰：「射，一作『酎』。」	五十一

	平 索隱 縣名，屬河南。	魯 索隱 縣
急絶其近壁。」侯，千四百户。集解 徐廣曰：「戰彭城，爲尉敗斬將。」又云：「漢王顧歎賀祁戰彭城斬將。」	兵初起，以舍人從擊秦，以郎中入漢，以將軍定諸侯，守洛陽，功侯，比費侯賀，千三百户。	以舍人從起沛，至咸陽，爲郎中，
	六 六年六月丁亥，悼侯沛嘉元年。 一 十二年，靖侯奴元年。	七 六年中，母侯
	七	七
	八	四 五年，母
	十五 八 十六年，侯執元年。	
	十一 中五年，侯執有罪，國除。	
	三十二	七

名，屬魯國。	故城 索隱漢表作「城父」，屬沛郡。
入漢，以將軍從定諸侯，侯四千八百户，功比舞陽侯。死事，母代侯。集解徐廣曰：「漢書云魯侯涓，涓死無子，封母疵。」索隱涓無子，封中母侯疵也〔四八〕。	兵初起，以謁者從入漢，以將軍擊諸侯，以右丞相備守淮陽，功比厭次侯，二千户。
疵元年。	六年中，莊侯尹恢元年。 七
	二 三年，侯開方元年。 五
侯疵薨，無後，國除。	二 三年，侯方奪侯〔四九〕，爲關内侯。
	二十六

任 索隱縣名，屬廣平。	以騎都尉漢五年從起東垣，擊燕、代，屬雍齒，有功，侯，爲車騎將軍。	七 六年，侯張越元年。索隱任侯張戉〔五〇〕。漢表作「張越」。	七	二 三年，侯越坐匿死罪，免爲庶人，國除。				
棘丘 索隱漢志棘丘地闕。	以執盾隊史前元年從起碭，破秦，以治粟内史入漢，以上郡守擊定西魏地，功侯。	七 六年，侯襄元年。索隱襄，名也。史失姓及謚。	七	四 四年，侯襄奪侯，爲士伍，國除。				
阿陵 索隱縣名，屬涿郡。	以連敖前元年從起單父〔五一〕，以塞疏入漢。還	七 六年七月庚寅，頃侯郭亭	七	八	二 二十一 三年，惠侯歐元年。	一 八 南西 前中六年，二靖侯延	十一 十七 元光六年，侯則元年。	二十七

（前侯，續）	昌武
	昌武 索隱 漢志昌武闕。
定三秦，屬悼武王，以都尉擊籍，功侯。〔五二〕集解 徐廣曰：「一云『塞路』，一云『以衆入漢中』。」索隱 起單父塞路入漢，一云「塞疏」，一云「以衆疏入漢」。案：「塞路」字誤爲「疏」。小顏云「主遮塞要路也」。	初起以舍人從，以郎中入漢，定三秦，以郎中將擊諸侯，侯，九百八十户，比魏其侯。
元年。	六年七月庚寅，靖信侯單甯元年。索隱 單甯音善佞。 七
	五 六年，夷侯如意元年。 二
	八
	二十三
年，居元年。侯勝客元年。有罪，絕。	十 中四年，康侯賈成元年。 六
元鼎五年，侯則坐酎金，國除。	十 元光五年，侯得元年。元朔三年，侯得坐傷人二旬 四
	四十五

	高苑 【索隱】高苑，縣名，屬千乘。	宣曲 【索隱】漢志闕。
	初起以舍人從，入漢，定三秦，以中尉破籍，侯，千六百户。比斥丘侯。	以卒從起留，以騎將入漢，定三秦，破籍軍滎陽，
	七 六年七月戊戌，制侯丙倩元年。【索隱】倩音七淨反。	七 六年七月戊戌，齊侯丁義
	七 元年，簡侯得元年。	七
	八	八
	十五 八 十六年，孝侯武元年。	十 十三 十一年，侯通元
	十六	四 有罪，發婁〔五〕中五年，復
内死，弃市，國除。	二 建元元年，侯信元年。建元三年，侯信坐出入屬車間，奪侯，國除。	
	四十一	四十三

	絳陽〔五六〕 索隱 漢志闕，漢表作「終陵」也。
爲郎騎將〔五三〕，破鍾離眛軍固陵，侯，六百七十户。	以越將從起留，入漢，定三秦，擊臧荼，侯，七百四十户。從攻馬邑及布。
元年。	七 六年七月戊戌，齊侯華無害元年。
	七
	八
年。	三 十六 四 四年，恭侯勃齊元年〔五七〕。後四年，侯禄元年。
除〔五四〕。封侯通元年。中六年，侯通有罪，國除。	三 前四年〔五八〕，侯禄坐出界，有罪，國除。
	四十六

國名	東茅 〔索隱〕漢志闕。一作「柔」也。	斥丘 〔索隱〕縣名，屬魏郡。
侯功	以舍人從起碭，〔五九〕至霸上，以二隊入漢，定三秦，以都尉擊項羽，破臧荼，侯。捕韓信，爲將軍，益邑千户。	以舍人從起豐，以左司馬入漢，以亞將攻籍，剋敵，爲東郡都尉，擊破籍，侯武城〔六〇〕，爲漢中尉，擊布，爲斥丘侯，〔集解〕徐廣曰：「一云
高祖十二	七 六年八月丙辰，敬侯劉釗元年。	七 六年八月丙辰，懿侯唐厲元年。
孝惠七	七	七
高后八	八	八
孝文二十三	二 三年，侯吉元年。 十三 十六年，侯吉奪爵，國除。	八 九年，恭侯鼂元年。 十三 後六年，侯賢元年。 二
孝景十六		十六
建元至元封六年三十六		二十五 元鼎二年，侯尊元年。 三 元鼎五年，侯尊坐酎金，國除。
侯第	四十八	四十

	『城武』。」索隱 破籍武城，初爲武城侯；後擊布，改封斥丘。千户。							
臺 索隱 案：臨淄郡有臺鄉縣。	以舍人從起碭，用隊率入漢，以都尉擊籍，籍死，轉擊臨江，屬將軍賈，功侯。以將軍擊燕。	七 六年八月甲子，定侯戴野元年。	七	八	三 四年，侯才元年。 二十	二 三年，侯才反，國除。		三十五
安國 索隱 縣名，屬中山。	以客從起豐，以廄將別定東郡、南陽，從至霸上，入漢，守豐。上東，因從戰不利，奉	七 六年八月甲子，武侯王陵元年。定侯安國。	七 其六年，爲右丞相。	七 八年，哀侯忌元年。 一	二十三 元年，終侯游元年。集解 徐廣曰：「游，一作『昭』。」	十六	二十 建元元年，三月，安侯 元狩三年，侯定元年。 八	十二

	樂成 【索隱】漢志闕。
孝惠、魯元出睢水中〔六一〕，及堅守豐，封雍侯〔六二〕，五千户。	以中涓騎從起碭中〔六三〕，爲騎將，入漢，定三秦，侯。以都尉擊籍，屬灌嬰，殺龍且，更爲樂成侯，千户。
	七 六年八月甲子，節侯丁禮元年。
	七
	八
	四 十八 五年，夷侯馬從元年。 一 後七年，武侯客元年
	十六
辟方元年。 元鼎五年，侯定坐酎金，國除。	二十五 三 元鼎二年，侯義元年。元鼎五年，侯義坐言五利侯不道，弃市，
	四十二

					〔六四〕。		國除。	
辟陽 索隱 縣名，屬信都。	以舍人初起，侍呂后、孝惠沛三歲十月，呂后入楚，食其從一歲，〔六五〕侯。	六年八月甲子，幽侯審食其元年。 七	七	八	三 四年，侯平元年。 二十	二 三年，平坐反，國除。		五十九
安平 索隱 縣名，屬涿郡。	以謁者漢王三年初從，定諸侯，有功。秋舉蕭何，功侯〔六六〕，二千戶。	六年八月甲子，敬侯謂千秋元年。 七	二 孝惠三年，簡侯嘉元年。 五	七 八年，頃侯應元年。 一	十三 十四年，煬侯寄元年。 十	十五 後三年，侯但元年。 一	十八 元狩元年，坐與淮南王女陵通，遺淮南書稱臣盡力，弃市，國除。	六十一

蒯成 索隱 漢志闕，晉書地道記屬北地。案：緤封池陽，後定封蒯成。蒯音苦壞反。小顏音普肯反。

以舍人從起沛，至霸上，侯。入漢，定三秦，食邑池陽。擊項羽軍滎陽，絶甬道，從出度平陰，遇淮陰侯軍襄國。楚漢約分鴻溝，以緤爲信，戰不利，不敢離上，侯，三千三百户。

七

六年八月甲子，尊侯周緤元年。十二年十月乙未，定蒯成。

七

八

五

緤薨，子昌代。有罪，絶，國除。〔六七〕

鄲一

中元年，封緤子康侯應元年。索隱 緤子紹封鄲。案：漢志屬沛郡，如淳引闞駰州志音多。

八

中二年，侯中居元年。索隱 中音仲。

二十六

元鼎三年，居坐爲太常有罪，國除。

二十二

國名	侯功	高祖十二	孝惠七	高后八	孝文二十三	孝景十六	建元至元封六年三十六	侯第
北平 索隱 縣名，屬中山。	以客從起陽武，至霸上，爲常山守，得陳餘，爲代相，徙趙相，侯。爲計相四歲，淮南相十四歲。千三百户〔六八〕。	七 六年八月丁丑，文侯張倉元年。	七	八	二十三 其四爲丞相。索隱 爲計相也。五歲罷〔六九〕。	五 六年，康侯奉元年。八 後元年，侯預元年〔七〇〕。三	四 建元五年，侯預坐臨諸侯喪後，不敬，國除〔七一〕。	六十五
高胡 索隱 漢志闕。	以卒從起杠里，入漢，以都尉擊籍，以都尉定燕，侯，千户。	七 六年中，侯陳夫乞元年。	七	八	四 五年，殤侯程嗣。薨，無後，國除。			八十二
厭次 索隱 漢	以慎將前元年從起留，入漢，以	七 六年中，侯元	七	八	五 元年，六年，			二十四

國名	侯功	高祖十二	孝惠七	高后八	孝文二十三	孝景十六	建元至元封六年三十六	侯第
志闕；晉書地道記屬平原，後乃屬樂陵國也。	都尉守廣武，功侯。	頃元年。［集解］徐廣曰：「漢書作『爰類』。」			侯賀元年。 侯賀謀反，國除。			
平皋 ［索隱］縣名，屬河內。	項它，漢六年以碭郡長初從，賜姓爲劉氏；功比戴侯彭祖〔七二〕，五百八十户。	六 七年十月癸亥，煬侯劉它元年。	四 五年，恭侯遠元年。 三	八	二十三	十六 元年，節侯光元年。	二十八 建元元年，侯勝元年。 元鼎五年，侯勝坐酎金，國除。	百二十一
復陽 ［索隱］縣名，屬南陽。復音伏。應	以卒從起薛，以將軍入漢，以右司馬擊項籍，侯，千户。	六 七年十月甲子，剛侯陳胥元年。	七	八	十 十一年，恭侯嘉元年。 十三	五 六年，康侯拾元年。 十一	十二 元朔元年，侯彊元年。 七	四十九

陽河〔七四〕 索隱 縣名，屬上黨。	劭云：「在桐柏山下復水之陽也〔七三〕。」
以中謁者從入漢，以郎中騎從定諸侯，侯，五百户，功比高胡侯。	
三 七年十月甲子，齊哀侯元年〔七五〕。 索隱 陽河齊侯卞訢。 三 十年，侯安國元年。	
七	
八	
二十三	
十六 中四年，侯午元年。中年絶〔七六〕。	
二十七 埤山 三 元鼎四年，恭侯章元年。 索隱 二十 元封元年，侯仁元年。征和三年十月，仁與母坐祝	元狩二年，坐父拾非嘉子，國除。
八十三	

	朝陽 索隱 縣名，屬南陽。
	以舍人從起薛，以連敖入漢，以都尉擊項羽，後攻韓王信，侯，千户。
漢表作「其石」。	六 七年三月壬寅〔七八〕，齊侯華寄元年。
	七
	八 元年，文侯要元年。
	十三 十四年，侯當元年。 十
	十六
埤音卑。詛，大逆無道，國除〔七七〕。	十三 元朔二年，侯當坐教人上書枉法罪，國除。
	六十九

棘陽 索隱 棘音紀力反，縣名，屬南陽。	以卒從起胡陵，入漢，以郎將迎左丞相軍以擊諸侯〔七九〕，侯，千户。	六 七年七月丙申〔八〇〕，莊侯杜得臣元年。索隱 壯侯。	七	八	五 六年，質侯但元年。 十八	十六	九 元光四年，懷侯武元年。 七 元朔五年，侯武薨，無後，國除。	八十一
涅陽 索隱 縣名，屬南陽。	以騎士漢王二年從出關，以郎將擊斬項羽，侯，千五百户，比杜衍侯。	六 七年中，莊侯 索隱 壯侯。案：五侯斬項籍，皆謚「壯」。漢表以爲「莊」，皆避諱改作「嚴」，誤也。 呂勝元年。	七	八	四 五年，莊侯子成實非子，不當爲侯，國除。			百四

國名	侯功	高祖十二	孝惠七	高后八	孝文二十三	孝景十六	建元至元封六年三十六	侯第
平棘 索隱 縣名，屬常山。	以客從起亢父，斬章邯所署蜀守，用燕相侯，千户。	六 七年中，懿侯執元年。集解 徐廣曰：「漢表作『林摯』。」	七	七 八年，侯辟彊元年。 一	五 六年，侯辟彊有罪，爲鬼薪，〔八二〕國除。			六十四
羹頡	以高祖兄子從軍，擊反韓王信，爲郎中將。信母嘗有罪高祖微時，太上憐之，故封爲羹頡侯。	六 七年中，侯劉信元年。	七	元年，信有罪，削爵一級，爲關內侯。				
深澤〔八二〕 索隱 縣	以趙將漢王三年降，屬淮陰侯，定趙、齊、楚，以擊	五 八年十月癸丑，齊侯趙將	七	一 奪，絕。 三年復	四 十四年，復 六 後二年，戴	二 三年， 七 中五 更五	十六 元朔五年，夷侯胡薨，	九十八

名，屬中山。	柏至【索隱】漢志闕。
平城，侯，七百户。	以駢憐從起昌邑[八四]，以説衛入漢，以中尉擊籍，侯，千户。【集解】漢表師古曰：「二馬曰駢憐，謂駢兩騎爲
夜元年。【索隱】漢表作「將夕」。	六 七年十月戊辰[八七]，靖侯許温元年。【索隱】漢表作「許盎」。
	七
封，一年絶[八三]。	一 二年，有罪，絶。三年，復封温 六
封將夜元年。侯頭元年。	十四 元年，簡侯禄元年。十五年，哀侯昌元年。 九
侯循元年。罪，絶。 年，封頭子夷侯胡元年。	十六
無後，國除。	七 十三 元光二年，共 元狩三年，侯福元年。 元 五
	五十八

	中水 索隱 縣名，屬涿郡。應劭云：「易、滱二水之中。」
軍翼也。説，讀曰税。説衞謂軍行止舍主爲衞也〔八五〕。」 索隱 姚氏憐鄰聲相近，騈鄰猶比鄰也。説衞者，説税也。税衞謂軍行初税之時，王爲衞也〔八六〕。	以郎中騎將漢王元年從起好時，以司馬擊龍且，後共斬項羽〔八九〕，侯，千五百户。
	六 七年正月己酉，莊侯 索隱 壯侯。 呂馬童元年。
	七
如故。	八
	九 三 十年，夷侯假元年。 十一 十三年，共侯青肩
	十六
侯安如元年〔八八〕。 鼎二年，侯福有罪，國除。	五 一 建元六年，靖侯德 二十三 元光元年，侯宜成元年。元鼎五年，
	百一

	杜衍 索隱 縣名，屬南陽。
	以郎中騎漢王三年從起下邳，屬淮陰，從灌嬰共斬項羽，侯，千七百户。
	六 七年正月己酉，莊侯王翳元年。索隱 漢表作「王翥」也。
	七
	五 三 六年，共侯福元年。
元年。	四 七 五年，侯市臣元年。十二 十二年，侯翕元年。
	十二 有罪，絶。三 後元年，復封翳子彊侯郢人元年。集解 徐廣曰：「彊，一作『景』。」
元年。宜成坐酎金，國除。	九 十二 元光四年，侯定國元年。元狩四年，侯定國有罪，國除。
	百二

赤泉 [索隱]漢志闕。	以郎中騎漢王二年從起杜，屬淮陰，後從灌嬰共斬項羽，侯，千九百户。	六 七年正月己酉，莊侯楊喜元年。	七	七 元年，奪，絶。二年，復封。	十一 十二 十二年，定侯殷元年。	三 四年，侯無害元年。有罪，絶。 六 五 中五年，復封侯無害元年。 臨汝	七 元光二年，侯無害有罪，國除。	百三
栒 [索隱]縣名，屬扶風，音荀，故周文王封其子之邑。河東亦有郇城也。	以燕將軍漢王四年從曹咎軍，[九〇]爲燕相，告燕王荼反，侯，以燕相國定盧奴，千九百户。	五 八年十月丙辰，頃侯温疥元年。	七	八	五 十七 一 六年，文侯仁元 後七年，侯河元	十 中四年，侯河有罪，國除。		九十一

	武原 【索隱】漢志闕。	磨 【索隱】磨，漢志闕，表作「歷」。歷縣在信都。劉氏依字讀，言天下
	漢七年，以梁將軍初從，擊韓信、陳豨、黥布，功侯，二千八百户，功比高陵。	以趙衞將軍漢王三年從起盧奴，擊項羽敖倉下，爲將軍，攻臧荼有功，侯，千户。
	五 八年十二月丁未，靖侯衞胠元年。【索隱】漢表胠作「胈」，音脅，又音怯。	五 八年七月癸酉，簡侯程黑元年。
	三 四年，共侯寄元年。 四	七
	八	二 三年，孝侯釐元年。 六
年。 年。	二十三	十六 後元年，侯竈元年。 七
	三 四年，侯不害元年。 後二年，不害坐葬過律，國除。 十三	七 中元年，竈有罪，國除。
	九十三	九十二

地名多，既無定證，且依字是不決之詞，地之與邑並無「磨」，誤也。

槀 [索隱]漢志槀縣屬山陽也。

高帝七年爲將軍從擊代陳豨有功，侯，六百户。

五 八年十二月丁未，祗侯陳錯元年。[索隱]漢表作「鍇」，音楷。三倉云：「九江人名鐵曰『鍇』。」

二
五 三年，懷侯嬰元年。

八

六
十四 七年，共侯應元年。
三 後五年，侯安元年。

十六

十二
七 不得，千秋父。[集解]徐廣曰：
九 元狩二年，侯千秋元年。元鼎五年，侯千

百二十四

	宋子 [索隱]漢志宋子縣屬鉅鹿也。
	以漢三年以趙羽林將初從，擊定諸侯，功比磨侯，五百四十户。
	四 八年十二月丁卯，惠侯許瘛元年。[集解]瘛音充 一 十二年，共侯不疑元年。
	七
	八
	九 十四 十年，侯九元年。
	八 中二年，侯九坐買塞外禁物罪，國除。
「千秋父以元朔元年立。」 秋坐酎金，國除。	
	九十九

國名	侯功	高祖十二	孝惠七	高后八	孝文二十三	孝景十六	建元至元封六年三十六	侯第
		志反。【索隱】音尺制反。郭璞音胡計反。亦作「[illegible]」字，林音巨月反。						
猗氏 【索隱】縣名，屬河東。	以舍人從起豐，入漢，以都尉擊項羽，侯，二千四百户。	五 八年三月丙戌，敬侯陳遫元年。【索隱】遫音速。	六 七年，靖侯交元年。 一	八	二十三	二 三年，頃侯差元年。薨，無後，國除。		五十
清 【索隱】縣	以弩將初起從，入漢，以都尉擊	五 八年三月丙	七 元年，頃侯聖	八	七 十六 八年，康	十六	二十七 元 一 元鼎	七十一

名，屬東郡。	彊 [索隱]漢志彊闕。
項羽、代，侯，比彭侯，千户。	以客吏初起從，入漢，以都尉擊項羽、代，侯，比彭侯，千户。
戌，簡侯空中元年。 [集解]徐廣曰：「空，一作『窒』。」 [索隱]清簡侯空中同。空，一作「窒」，窒中，姓，見風俗通。	三 八年三月丙戌，簡侯留勝 十一年，戴侯章元年。 二
元年。	七
	八
侯鮒元年。	十二 十三年，侯服元年。十五年，侯服有罪， 二
狩三年，恭侯石元年〔九二〕。 四年，侯生元年。元鼎五年，生坐酎金，國除。	
	七十二

	彭 索隱漢表屬東海郡。	吳房 索隱縣名，屬汝南。	甯 索隱漢
	以卒從起薛，以弩將入漢，以都尉擊項羽、代，侯，千户。	以郎中騎將漢王元年從起下邽，〔九二〕擊陽夏，以都尉斬項羽，有功，侯，七百户。	以舍人從起碭，入漢，以都尉擊
元年。	五 八年三月丙戌，簡侯秦同元年。	五 八年三月辛卯，〔九三〕莊侯楊武元年。	五 八年四月辛
	七	七	七
	八	八	八
國除。	二 二十一 三年，戴侯執元年。	十二 十一 十三年，侯去疾元年。	十五 八 十六
	二 十一 三年，侯武元年。後元年，侯武有罪，國除。	十四 後元年，去疾有罪，國除。	三 元年， 四年，
	七十	九十四	七十八

國名	表甯陽屬濟南也。	昌 索隱 縣名，屬琅邪。	共 索隱 縣
侯功	臧荼功，侯，千户。	以齊將漢王四年從淮陰侯起無鹽，定齊，擊籍及韓王信於代，侯，千户。	以齊將漢王四年從淮陰侯起
高祖十二	卯〔九四〕，莊侯魏選元年〔九五〕。	五 八年六月戊申，圉侯盧卿元年。 索隱 漢表姓「旅」，旅即「盧」，古「旅弓」字亦然也。	五 八年六月壬
孝惠七		七	七
高后八		八	八
孝文二十三	年，恭侯連元年。	十四 九 十五年，侯通元年。	六 八 五 七 十五
孝景十六	侯指元年。 侯指坐出國界，有罪，國除。	二 三年，侯通反，國除。	
建元至元封六年三十六			
侯第		百九	百十四

名，屬河內。	閼氏 [索隱]縣名，屬安定。
臨淄，擊籍及韓王信於平城，有功，侯，千二百户。	以代太尉漢王三年降，爲鴈門守，以特將平代反寇，侯，千户。[索隱]漢表太尉作「大與」。大與，爵名，音
子，莊侯盧罷師元年。	四 八年六月壬子，節侯馮解 一 十二年，恭侯它元年。
	薨，無後，絶〔九六〕。
年，惠侯黨元年。 年，懷侯商元年。後四年，侯商薨，無後，國除。	十四 二年，封恭侯遺腹子文侯 八 十六年，恭侯勝之元年。
	五 前六年，侯平元年。 十一
	二十八 元鼎五年，侯平坐酎金，國除。
	百

	泰也。	敢元年。			遣元年。		除。	
安丘【索隱】安丘，縣名，屬北海也。	以卒從起方與，屬魏豹，二歲五月，以執鈹入漢，以司馬擊籍，以將軍定代，侯，三千户。	五 八年七月癸酉，懿侯張説【索隱】音悦。元年。	七	八	十二 十三年，恭侯奴元年。 十一	二 三年，敬侯執元年。 一 四年，康侯訢元年。 十三	十八 元狩元年，侯指元年。 元鼎四年，侯指坐入上林謀盜鹿，國除。 九	六十七
合陽【索隱】合陽屬馮翊。	高祖兄。兵初起，侍太公守豐，天下已平，以六年正月立仲爲代	五 八年九月丙子，侯劉仲元年。【集解】徐廣	二 仲子濞，爲吳王。 以子吳王，故尊					

	王。高祖八年，匈奴攻代，王弃國亡，廢爲合陽侯。	曰：「一名『嘉』。」索隱仲名嘉，高祖弟。	仲謚爲代頃侯。					
襄平 索隱縣名，屬臨淮。	兵初起，紀成以將軍從擊破秦，入漢，定三秦，功比平定侯〔九七〕。戰好畤，死事。子通襲成功侯。	五 八年後九月丙午〔九八〕，侯紀通元年。	七	八	二十三	九 中三年，康侯相夫元年。 七	十二 元朔元年，侯夷吾元年。元封元年〔九九〕，夷吾薨，無後，國除。 十九	五十六〔一〇〇〕
龍 索隱廬江有龍舒縣，蓋其地也。	以卒從，漢王元年起霸上，以謁者擊籍，斬曹咎，侯，千户。	五 八年後九月己未，敬侯陳署元年。	七	六 七年，侯堅元年。 二	十六 後元年，侯堅奪侯，國除。			八十四

繁〔索隱〕地理志有繁陽。恐别有繁縣，志闕。	陸梁〔一〇二〕〔索隱〕陸量。如淳據始皇紀所謂「陸量地」。案今
以趙騎將從漢三年，從擊諸侯，侯，比吴房侯，千五百户。	詔以爲列侯，自置吏受令長沙王。
四 九年十一月壬寅，莊侯彊瞻元年。〔索隱〕漢表作「平嚴侯張瞻」，此作「强瞻」。	三 九年三月丙辰，侯須毋元年。 一 十二年，共侯桑元年。
四	七
三 五年，康侯昫獨元年。〔集解〕一云「侯惸」。	八
八	十八 五 後三年，康侯慶忌元年。
二十三	元年，侯冄元年。 十六
三 六 四年，侯寄元年。 七 中三年，侯安國元年。	二十八 元鼎五年，侯冄坐酎金，國除。
十八 元狩元年，安國爲人所殺，國除。	百三十七
九十五	

在江南也。		年。索隱漢表作「須無」。						
高京集解徐廣曰：「一作『景』。」索隱漢表志闕。	周苛起兵，以內史從擊破秦，爲御史大夫，入漢，圍取諸侯，堅守滎陽，功比辟陽。苛以御史大夫死事。子成爲後，襲侯。	四 九年四月戊寅〔一〇二〕，侯周成元年。	七	八	二十 後五年，坐謀反，繫死，國除，絶。	繩 中元年，封成孫應元年。侯平嗣，不得元年〔一〇三〕。	元狩四年，平坐爲太常不繕治園陵，不敬，國除。	六十
離 索隱漢志闕。	失此侯始所起及所絶。索隱案：楚漢春秋亦闕。漢表	九年四月戊寅，鄧弱元年。						

國名	侯功	高祖十二	孝惠七	高后八	孝文二十三	孝景十六	建元至元封六年三十六	侯第
	成帝時光禄大夫滑堪日旁占驗曰「鄧弱以長沙將兵侯」，是所起也。							
義陵 集解徐廣曰：「一作『義陽』。」 索隱義陽，在汝南。	以長沙柱國侯，千五百户。	四 九年九月丙子，侯吳程元年。	三 四年，侯種元年。 四	六 七年，侯種薨，無後，國除。皆失謚。〔一〇四〕				百三十四
宣平 索隱楚漢春秋「南宮侯張耳」，此	兵初起，張耳誅秦，爲相，合諸侯兵，鉅鹿破秦，定趙，爲常山王。陳餘反，襲耳，弃國，	四 九年四月，武侯張敖元年。	七	六 信平 薨，子偃爲魯王，國除。集解徐	十五 元年，以故魯王爲南 八 十六年，哀侯歐元年。	九 七 中三年，侯生元年。	七 罪，絶。 睢陽 十八 十三 〔一〇五〕元 元鼎 光二 三年，	三

作宣平侯。敖，敖，耳子。陳平録第時，耳已薨故也。

與大臣歸漢，漢定趙，爲王。卒，子敖嗣。其臣貫高不善，廢爲侯。

廣曰：「改封信平。」

宫侯。

年，侯昌元年。封偃孫太初侯廣三元年，年，侯昌爲太常，乏祠，國[一〇六]。

							除[一〇七]。	
東陽 索隱 縣名，屬臨淮。	高祖六年，爲中大夫，以河間守擊陳豨，力戰功，侯，千三百户。	二 十一年十二月癸巳，武侯張相如元年。	七	八	十五 五 十六年，共侯殷元年。 三 後五年，戴侯安國元年。	三 十三 四年，哀侯彊元年。	建元元年，侯彊薨，無後，國除。	百十八
開封 索隱 縣名，屬河南。	以右司馬漢王五年初從，以中尉擊燕，定代，侯，	一 十一年十 一 十二年，夷	七	八	二十三	九 景帝時，爲 七 中三年，節	十 十八 元光五年，侯睢	百十五

	沛　索隱 縣名，屬沛郡。	慎陽　索隱 慎陽，屬汝南。
比共侯，二千户。	高祖兄合陽侯劉仲子，侯。	爲淮陰舍人，告淮陰侯信反，侯，二千户。
二月丙辰，閔侯陶舍元年。 侯青元年。	一 十一年十二月癸巳，侯劉濞元年。 十二年十月辛丑，侯濞爲吴王，國除。	二 十一年十二月甲寅，侯欒
		七
		八
		二十三
丞相。 侯偃元年。		十二 四 中六年，靖
元年。 元鼎五年，侯睢坐酎金，國除。		二十二 建元元年， 元狩五年，
		百三十一

如淳曰：「音震」。闞駰云「合作『滇陽』，永平五年，失印更刻，遂誤以『水』爲『心』」。續漢書作「滇陽」也。	禾成 索隱 漢志闕。
	以卒漢五年初從〔一〇九〕，以郎中擊代，斬陳豨，侯，千九百户。
說元年〔一〇八〕。索隱 漢表作「樂說」。	十一年正月己未，孝侯公孫耳元年。索隱 漢表「耳」作「昔」。 二
	七
	八
	四 五年，懷侯漸元年。十四年，侯漸薨，無後，國除。 九
侯願之元年。	
侯買之元年。 侯買之坐鑄白金弃市，國除。	
	百十七

國名	侯功	高祖十二	孝惠七	高后八	孝文二十三	孝景十六	建元至元封六年三十六	侯第
堂陽 [索隱]縣名，屬鉅鹿。	以中涓從起沛，以郎入漢，以將軍擊籍，爲惠侯。坐守滎陽降楚免，後復來，以郎擊籍，爲上黨守，擊豨，侯，八百户。	二 十一年正月己未，哀侯孫赤元年。	七	八 元年，侯德元年。	二十三	十二 中六年，侯德有罪，國除。		七十七
祝阿 [索隱]縣名，屬平原。	以客從起齧桑，以上隊將入漢，以將軍定魏太原，破井陘，屬淮陰侯，以缻度軍，擊籍及攻豨，侯，八百户。	二 十一年正月己未，孝侯高邑元年。	七	八	四 十四 五年，侯成元年。 後三年，侯成坐事國人過律，國除。			七十四

長脩 索隱 縣名，屬河東。
以漢二年用御史初從出關，以內史擊諸侯，功比須昌侯，以廷尉死事，千九百户。
十一年正月丙辰，平侯杜恬元年。集解 一云「杜恪」。索隱 案位次曰「信平侯」。 二
二 三年，懷侯中元年。 五
八
四 五年，侯喜元年。 十九
八 罪，絕。 中五年，復封侯相夫元年。 陽平 五
三十三 元封四年，侯相夫坐爲太常與樂令無可當鄭舞人擅繇不如令，闌出函谷關，
百八

							國除。	
江邑 索隱 漢志闕。	以漢五年爲御史，用奇計徙御史大夫周昌爲趙相而代之，從擊陳豨〔一〇〕，功侯，六百户。	二 十一年正月辛未，侯趙堯元年。	七	元年，侯堯有罪，國除。				
營陵 索隱 縣名，屬北海。	以漢三年爲郎中〔一一〕，擊項羽，以將軍擊陳豨，得王黃，爲侯。與高祖疏屬劉氏，世爲衛尉。萬二千户。	二 十一年，侯劉澤元年。	七	五 六年，侯澤爲琅邪王，國除。				八十八

土軍 索隱 包愷云：「地理志西河有土軍縣。」	高祖六年爲中地守，以廷尉擊陳豨，侯，千二百户。就國，後爲燕相。	十一年二月丁亥，武侯宣義元年。 索隱 案位次曰「信成侯」也。 二	五 六年，孝侯莫如元年。 二	八	二十三	二 三年，康侯平元年。 十四	五 建元六年，侯生元年。元朔二年，生坐與人妻姦罪，國除。 八	百二十二
廣阿 索隱 縣名，屬鉅鹿。	以客從起沛，爲御史，守豐二歲，擊籍，爲上黨守，陳豨反，堅守，侯，千八百户。後遷御史大夫。	十一年二月丁亥，懿侯任敖元年。 二	七	八	二 三年，夷侯竟元 一 四年，敬侯但元 二十	十六	四 建元五年，侯越元年〔三〕。元鼎二年，侯越坐爲太常廟酒酸， 二十一	八十九

					年。年。		不敬，國除。	
須昌 索隱 縣名，屬東郡。	以謁者漢王元年初起漢中，雍軍塞陳，謁上，[二三]上計欲還，衍言從他道，道通，後爲河間守，陳豨反，誅都尉相如，功侯，千四百户。	二 十一年二月己酉，貞侯趙衍元年。	七	八	十五 四 十六年，戴侯福元年。 四 後四年，侯不害元年。	四 五年，侯不害有罪，國除。		百七
臨轅 索隱 漢志闕。	初起從爲郎，以都尉守蘄城，以中尉侯，五百户。	二 十一年二月乙酉，堅侯戚	四 三 五年，夷侯	八	二十三	三 十三 四年，共侯忠元	三 二十五 建元四年，侯賢元年。	百十六

汲 【索隱】漢表作「伋」。伋與汲並縣名，屬河內。	
高祖六年爲太僕，擊代豨，有功，侯，千二百户。爲趙太傅。	
二 十一年二月己巳，終侯公上不害元年。【索隱】公上，姓；不害，名也。	鰓元年。
一 六 二年，夷侯武元年。	觸龍元年。
八	
十三 十 十四年，康侯通元年。	
十六	年。
一 建元二年，侯廣德元年。 九 元光五年，廣德坐妻精大逆罪，頗連廣德，弃市，國除。	元鼎五年，侯賢坐酎金，國除。
百二十三	

國名	侯功	高祖十二	孝惠七	高后八	孝文二十三	孝景十六	建元至元封六年三十六	太初已後	侯第
寧陵 【索隱】縣名，屬陳留。	以舍人從陳留，以郎入漢，破曹咎成皋，爲上解隨馬，以都尉擊陳豨〔二四〕，功侯，千户。	二 十一年二月辛亥，夷侯呂臣元年。	七	八	十 十一年，戴侯射元年。 十三	三 四年，惠侯始元年。五年，侯始薨，無後，國除。 一			七十三
汾陽 【索隱】縣名，屬太原。	以郎中騎千人前二年從起陽夏，擊項羽，以中尉破鍾離眛，功侯。	二 十一年二月辛亥，侯靳彊元年。【索隱】壯侯靳彊。	七	二 三年，共侯解元年。 六	二十三	四 五年，康侯胡元年。絕。 十二	江鄒 十九 元鼎五年，侯石元年。	太始四年五月丁卯，侯石坐爲太常，行太	九十六

戴 [索隱]戴，地名，音再。應劭云：「章帝改曰考城，在故留縣也。」	
以卒從起沛，以卒開沛城門，爲太公僕；以中廄令擊豨〔二五〕，侯，千二百户。	
二 十一年三月癸酉，敬侯彭祖元年。[索隱]戴敬侯秋彭祖，漢表作「祕」，音轡；又韋昭音符蔑反。今檢史記諸本並作「秋」。今見有	
七	
二 六 三年，共侯悼元年。	
七 十六 八年，夷侯安國元年。	
十六	
十六 十二 二十五 元朔五年，侯安期元 元鼎五年，侯蒙元年。後元元年五月甲	僕事，治嗇夫，可年，益縱年，國除。
百二十六	

	衍 [索隱]漢志闕。
	以漢二年爲燕令，以都尉下楚九城，堅守燕，侯，九百户。
姓秋氏。	十一年七月乙巳〔一七〕，簡侯翟盱[索隱]況于反。元年。 二
	七
	三 四年，祗侯山元年。 二 六年，節侯嘉元年。 三
	二十三
	十六
年。戊，坐祝詛，無道，國除。〔一六〕	二 建元三年，侯不疑元年。元朔元年，侯不疑坐挾詔書論罪，國除。 十
	百三十

國名	侯功	高祖十二	孝惠七	高后八	孝文二十三	孝景十六	建元至元封六年三十六	侯第
平州 索隱漢志闕。晉書地道記屬巴郡。	漢王四年，以燕相從擊籍，還擊荼，以故二千石將爲列侯，千户。	二 十一年八月甲辰，共侯昭涉掉尾元年。索隱昭涉，姓；掉尾，名也。	七	八	一 三 二年，戴侯福元年。四 五年，懷侯它人元年。十五 九年，孝侯馬童元年。	十四 後二年，侯昧元年。二	二十三 元狩五年，侯昧坐行馳道中更呵馳去罪，國除。	百十一
中牟 索隱縣名，屬河南。	以卒從起沛，入漢，以郎中擊布，功侯，二千三百户。始高祖微時，有急，給高祖一	一 十二年十月乙未，共侯單父聖元年。索隱漢表作	七	八	七 五 八年，敬侯 十一 十三年，戴	十六	十 元光五年，侯舜元年。十八 元鼎五年，侯舜坐	百二十五

	卭 [集解]漢書音義曰：漢「音巨已反」。[索隱]卭，縣名，屬南郡。漢書音義音其己反。周成雜字解詁云：「卭音跽」。
馬，故得侯。	以故羣盜長爲臨江將，[一二八]已而爲漢擊臨江王及諸侯，破布，功侯，千户。
「單父左車」。	一[一二九] 十二年十月戊戌，莊侯黄極中元年。
	七
	八
繒元年。 侯終根元年。	十一 九 三 十二年，慶侯榮盛元年。 後五年，共侯明元年。
	十六
酎金，國除。	十六 八 元朔五年，侯遂元年。元鼎元年，遂坐賣宅縣官故貴，國除。
	百十三

國名	侯功	高祖十二	孝惠七	高后八	孝文二十三	孝景十六	建元至元封六年三十六	侯第
博陽【索隱】縣名，屬彭城。〔三〇〕	以卒從起豐，以隊卒入漢〔三一〕，擊籍成皋，有功，爲將軍，布反，定吳郡，侯，千四百户。	十二年十月辛丑〔三二〕，節侯周聚元年。 一	七	八	八 九年，侯遬元年。 十五	十一 中五年，侯遬奪爵一級，國除。		五十三
陽義【集解】徐廣曰：「一作『羕』。」【索隱】漢表「義」作「羕」也。陽羕，縣屬丹陽。	以荆令尹漢王五年初從，擊鍾離眛及陳公利幾，破之，徙爲漢大夫，從至陳，取韓信，還爲中尉〔三三〕，從擊布，功侯，二千户。	十二年十月壬寅，定侯靈常元年。 一	七	六 七年，共侯賀元年。 二	六 七年，哀侯勝元年。十二年，侯勝薨，無後，國除。 六			百十九

下相 索隱縣名，屬臨淮。	以客從起沛，用兵從擊破齊田解軍，以楚丞相堅守彭城，距布軍，功侯，二千户。	一 十二年十月己酉〔三四〕，莊侯泠耳元年。	七	八	二 三年，侯慎元年。 二十一	二 三年三月，侯慎反，國除。		八十五
德 索隱漢志闕；表在濟南。	以代頃王子侯。頃王，吳王濞父也；廣，濞之弟也。	一 十二年十一月庚辰，哀侯劉廣元年。	七	二 三年，頃侯通元年。 六	二十三	五 六年，侯齕元年。 十一	二十七 元鼎四年，侯何元年。元鼎五年，侯何坐酎金，國除。 一	百二十七
高陵 索隱高陵，縣，志屬	以騎司馬漢王元年從起廢丘，以都尉破田横、	一 十二年十二月丁亥〔三五〕，	七	二 三年，惠侯 六	十二 十三年，侯行元 十一	二 三年，反，國除。		九十二

琅邪也。	龍且，追籍至東城，以將軍擊布，九百户。	圉侯王周元年。 索隱 漢表作「王虞人」。		并弓元年。	年。			
期思 索隱 縣名，屬汝南。	淮南王布中大夫，有郄，上書告布反，侯二千户。布盡殺其宗族。	一 十二年十二月癸卯，康侯賁赫元年。 索隱 賁，姓。音肥，又如字。	七	八	十三 十四年，赫薨，無後，國除。			百三十二
穀陵 索隱 漢志闕。	以卒從前二年起柘，擊籍，定代，爲將軍，功侯。	一 十二年正月乙丑，定侯馮谿元年。 索隱 表作	七	八	六 七年，共侯熊元年。 十七	二 二 三年，隱侯侯 十二 五年，獻侯侯	三 建元四年，侯偃元年。	百五

戚	
戚 【索隱】漢志闕。晉地道記屬東海。	
以都尉漢二年初起櫟陽，攻廢丘，破之，因擊項籍，別屬丞相韓信〔二六〕，破齊軍，攻臧荼，遷爲將軍，擊信，侯千户〔二七〕。	
一 十二年十二月癸卯，圉侯季必元年〔二八〕。【索隱】案：灌嬰傳，重泉人李必，此作「季」，誤也〔二九〕。	「馮谿」。
七	
八	
三 四年，齊侯班元年〔三〇〕。 二十	
十六	印元年。 解元年。
二 建元三年，侯信成元年。元狩五年，侯信成坐爲太常，縱丞相侵神道壖，不敬，國除。 二十	
九十	

壯	成陽
壯【集解】徐廣曰：「一作『莊』。」【索隱】徐廣云一作「莊」。漢表作「嚴」。	成陽【索隱】縣
以楚將漢王三年降，起臨濟，以郎中擊籍、陳豨，功侯，六百户。	以魏郎漢王二年從起陽武，擊
一 十二年正月乙丑，敬侯許倩元年。【索隱】壯敬侯許倩。猜音偲。	一 十二年正月
七	七
八	八
二十三	十 十三 十一年，
一 十五 二年，共侯恢元年。	十六
一 九 十五 建元二年，殤侯則元年。元光五年，侯廣宗元年。元鼎元年，侯廣宗坐酎金，國除。〔三〕	建元元年，侯
百十二	百一十

名，屬汝南。	桃 索隱 縣名，屬信都。
籍，屬魏豹，豹反，屬相國彭越，以太原尉定代，侯，六百户。	以客從，漢王二年從起定陶，以大謁者擊布，侯，千户。爲淮陰守。項氏親也，賜姓。
乙酉，定侯意〔三二〕索隱 成陽定侯奚意。元年。	一 十二年三月丁巳〔三三〕，安侯劉襄元年。
	七
	一 奪，絕。 七 二年，復封襄。
侯信元年。	九 十四 十年，哀侯舍元年。
	十六 景帝時，爲丞相。
信罪鬼薪，國除。	十三 建元元年，厲侯申元年〔三四〕。 十五 元朔二年，侯自爲元年。 元鼎五年，侯自爲坐酎金，
	百三十五

							國除。	
高梁 〖索隱〗漢志闕。	食其兵起以客從擊破秦，以列侯入漢，還定諸侯，常使約和諸侯列卒兵聚，侯，功比平侯嘉。以死事，子疥襲食其功侯，九百户。	十二年三月丙寅，共侯酈疥元年。 一	七	八	二十三	十六	八 元光三年，侯勃元年。元狩元年，坐詐詔衡山王取金，當死，病死，國除。〔三五〕 十	六十六
紀信〔三六〕 〖索隱〗漢	以中涓從起豐，以騎將入漢，以將軍擊籍，後攻	十二年六月壬辰，匡侯陳 一	七	二 三年，夷侯 六	十七 後二年，侯〔三七〕 六	二 三年，陽反，國除。		八十

國名	侯功	高祖十二	孝惠七	高后八	孝文二十三	孝景十六	建元至元封六年三十六	侯第
志闕。	盧綰，侯，七百户。	倉元年。		開元年。	陽元年。			
甘泉 集解徐廣曰：「一作『景』。」索隱案：志甘泉闕，疑甘泉是甘水。漢表作「景侯」也。	以車司馬漢王元年初從起高陵，屬劉賈，以都尉從軍，侯。	一 十二年六月壬辰，侯王竟 索隱壯侯王競。元年。	六 一 七年，戴侯莫搖元年。	八	十 十三 十一年，侯嫖 索隱匹妙反。漢書作「嫖」，許孕反。說文：「嫖，悅也。」元年。	九 十年，侯嫖有罪〔三八〕，國除。		百六
煮棗 索隱徐廣云：「在宛句。」	以越連敖從起豐，別以郎將入漢，擊諸侯，以都尉侯，九百户。	一 十二年六月壬辰，靖侯赤 索隱煮棗端	七	八	一 二十二 二年，赤子康侯武元年〔四二〕。	八 二 中二年，侯昌元年。中四年，有		七十五

	張 索隱 縣名，屬廣平。
	以中涓騎從起豐，以郎將入漢，從擊諸侯，七百户。
侯棘朱。漢表作「端侯革朱」，革音棘，亦作「朿」〔三九〕，誤也。棘，姓，蓋子成之後也。 元年〔四〇〕。	一 十二年六月壬辰，節侯毛澤之元年〔四一〕。 索隱 毛澤之，亦作「釋之」也。
	七
	八
	十 二 十一年，夷侯慶元年。 十一 十三年，侯舜元年。
罪，國除。	十二 中六年，侯舜有罪，國除。
	七十九

鄢陵 【索隱】縣名，屬潁川。	以卒從起豐，入漢，以都尉擊籍、荼，侯，七百户。	十二年中，莊侯朱濞元年。 一	七	三 四年，恭侯慶元年。 五	六 七年，恭侯慶薨，無後，國除。			五十二
菌 【集解】徐廣曰：「一作『鹵』。」【索隱】漢志闕。菌音求隕反。徐作「鹵」，音魯。又作「齒」。	以中涓前元年從起單父，不入關，以擊籍、布、燕王綰，得南陽，侯，二千七百户。	十二年〔一四〕，莊侯張平元年。 一	七	四 五年，侯勝元年。 四	三 四年，侯勝有罪，國除。			四十八

【索隱述贊】聖賢影響，風雲潛契。高祖膺籙，功臣命世。起沛入秦，憑謀仗計。紀勳書爵，河盟山誓。蕭曹輕重，絳灌權勢。咸就封國，或萌罪戾。仁賢者祀，昏虐者替。永監前脩，良慙固蔕。

校勘記

〔一〕表見其文　「見」字原無，據景祐本、紹興本、耿本、黄本、彭本、柯本、凌本、殿本補。

〔二〕太初元年盡後元二年十八　梁玉繩志疑卷一一：「此『太初』以下十一字，乃後人妄續，當削之。」

〔三〕蟲達　原作「蟲逢」，據耿本、黄本、彭本、柯本、殿本改。按：王念孫雜志史記第二：「『蟲逢』，當依漢表作『蟲達』，字之誤也。古有蟲姓，無蟲姓。」

〔四〕漢表作清河　「作」字原無，據耿本、黄本、彭本、柯本、凌本、殿本補。

〔五〕侯頗坐尚公主與父御婢姦罪自殺　「坐」字原無，據景祐本、紹興本、耿本、黄本、彭本、柯本、凌本、殿本補。按：漢書卷一六高惠高后文功臣表：「元鼎二年，坐尚公主與父御婢姦，自殺。」

〔六〕騎將　原作「魏將」，據景祐本改。按：漢書卷一六高惠高后文功臣表亦作「騎將」。

〔七〕頃侯靖元年　此上原有「隨」字。梁玉繩志疑卷一一：「『隨』字衍。」按：本書卷九八傅靳蒯

〔八〕成列傳無「隨」字，漢書卷一六高惠高后文功臣表同，今據删。

〔九〕侯偃坐與淮南王謀反　「侯」字原無，據景祐本、紹興本、耿本、黄本、彭本、柯本、凌本、殿本補。

〔一〇〕廣嚴　錢大昕考異卷二：「『嚴』字衍文。」

〔一一〕擊項羽鍾離眛功侯　梁玉繩志疑卷一一：「漢表『項籍』下有『將』字，是。」

〔一二〕都浙　「浙」，漢書卷一六高惠高后文功臣表作「漸」，顔師古注：「漸，水名。在丹陽黝縣南蠻中。」

〔一三〕十一年　漢書卷一六高惠高后文功臣表作「十二年」。

〔一三〕以公主子改封隆慮　「主」，原作「王」，據會注本改。按：漢書卷一六高惠高后文功臣表「孝景中五年侯融以長公主子侯」。

〔一四〕九年子台封鄜侯元年　漢書卷一八外戚恩澤侯表作「侯台嗣，高祖九年更封爲鄜侯，四年，高后元年，爲吕王」，疑此有脱誤。

〔一五〕八年禄爲趙王　梁玉繩志疑卷一一：「『八年』乃『七年』之誤。禄爲趙王在高后七年。」按：本書卷九吕太后本紀吕禄爲趙王在高后七年秋，卷二二漢興以來將相名臣年表亦在七年。然卷一七漢興以來諸侯王年表高后八年云：「（趙）初王吕禄元年，吕后兄子，胡陵侯。誅，國除。」漢書卷一八外戚恩澤侯表云：「漢陽侯禄，種弟，高后元年九月丙寅封。八年，爲趙王，追尊康侯曰趙昭王，九月，反，誅。」史、漢載呂禄王趙，或在七年，或在八年，蓋史料參差，而非魯魚亥豕之比。

〔一六〕同禄弟　「弟」，殿本作「母」，疑是。按：漢書卷一六高惠高后文功臣表：「高后二年，封何夫人禄母同爲侯。」卷三九蕭何傳：「孝惠二年，何薨，謚曰文終侯。子禄嗣，薨，無子。高后乃封何夫人同爲酇侯。」

〔一七〕封何曾孫恭侯慶元年　「曾」字原無。梁玉繩志疑卷一一：「史詮曰『曾孫』，缺『曾』字。」按：漢書卷一六高惠高后文功臣表作「曾孫」，卷六武帝紀云「封故相國蕭何曾孫慶爲列侯」，卷三九蕭何傳云「武帝元狩中，復下詔御史『以酇户二千四百封何曾孫慶爲酇侯』」。今據補。

〔一八〕有罪絶　「絶」字原無，據景祐本、紹興本、耿本、黄本、彭本、柯本補。

〔一九〕侯終根元年　此上疑當有「今」字。按：表序云「至太初百年之閒，見侯五」，曲周侯酈終根在「見侯」之列，當如平陽侯曹宗書「今侯」。

〔二〇〕後元二年侯終根坐咒詛誅國除　此十三字當爲衍文。曲周侯酈終根在「見侯」之列，其失國事當爲後人增竄；終根在位之年「二十八」三字，亦後人所加。

〔二一〕元年爲右丞相三年免復爲丞相　疑文有脱誤。按：漢書卷一九下百官公卿表下云「（孝文元年）太尉周勃爲右丞相，八月辛未免，（二年）十一月乙亥，絳侯勃復爲丞相，（三年）十二月，丞相勃免」。

〔三〕七爲丞相　梁玉繩志疑卷一一：「『七』下缺『年』字。」按：此「年」字蓋承上「其三年爲太尉」而省。下潁陰侯云「其一，爲太尉；三，爲丞相」，北平侯張倉云「其四爲丞相，五歲罷」，均同此例，則「年」字亦不必有。景祐本、紹興本、耿本、黄本、彭本、柯本、凌本皆無「年」字。殿本有，或後人所增。

〔三〕中六年　原作「中五年」。張文虎札記卷二：「志疑云：『本傳及漢表並作「中六年」。』案：它廣以孝景七年嗣位，至中五年凡六年，與表端『六』字合，則作『中六年』是，『五』字誤。」今據改。

〔四〕市人子　景祐本、紹興本、耿本、黄本、彭本、柯本、凌本、殿本此上有「荒侯」二字。

〔五〕封嬰孫賢爲臨汝侯侯賢元年　紹興本、耿本、黄本、彭本、柯本、凌本、殿本無「賢爲」二字。汲古閣集解本不重「侯」字。梁玉繩志疑卷一一：「表例更封國名皆中間大書，此誤也。當中書『臨汝』二字，删『賢爲臨汝侯』五字。」按：梁説是。依表例，此當作「臨汝封嬰孫侯賢元年」。下表云「（安陽）中二年，封昌孫左車（元年）」，云「（繩）中元年，封成孫應元年」，云「（睢陽）元光三年，封偃孫侯廣元年」，文例皆同。

〔六〕封昌孫左車　依表例，「孫」下當有「侯」字，句下當有「元年」二字。梁玉繩志疑卷一一以爲此當作「封昌孫侯左車元年」。參見上條。

〔二七〕罷軍　原作「霸軍」。梁玉繩志疑卷一一：「漢表作『罷軍』，是古人多取罷軍爲名也。」今據改。

〔二八〕四十萬　本書卷八高祖本紀作「三十萬」。

〔二九〕此處疑脱「三十一」三字。按：殿本史記考證：「此侯闕位次，漢表作『三十一』。以本紀證之，費將軍與孔將軍分居左右，功應相類，蓼侯第三十，則費侯第三十一是也。史表脱耳。」

〔三〇〕屬淮陽　「淮陽」，原作「淮陰」，據耿本、黄本、彭本、索隱本、柯本、凌本、殿本改。按：漢書卷二八下地理志下陽夏屬淮陽國。

〔三一〕自立爲王　「王」，原作「燕」。梁玉繩志疑卷一一：「『燕』字誤，當作『王』。」張文虎札記卷二：「韓信盧綰傳作『自立爲代王』。」按：漢書卷一六高惠高后文功臣表作「自爲王」。今據改。

〔三二〕以趙將從起鄴　疑「趙」當作「越」，「鄴」當作「薛」。按：漢書卷一六高惠高后文功臣表作「以越將從起薛」。漢書卷二五下郊祀志下「丁夫人」顔師古注引應劭曰：「丁夫人，其先丁復，本越人，封陽都侯，夫人其後，以詛軍爲功。」

〔三三〕頃侯臣元年　「臣」，原作「世」。梁玉繩志疑卷一一：「漢表作『臣』是，即項羽紀之吕臣也，『世』字誤。」按：本書卷八高祖本紀：「吕臣爲司徒，其父吕青爲令尹。」索隱：「按表，青封信陽侯。」今據改。

〔三四〕八十一　殿本史記考證：「（臣召南）按：漢表作吕青位次『八十七』。據表中有『比堂邑侯』語，堂邑侯第八十六，則漢表是也。此表『一』字訛。」夏燮校漢書八表卷四：「（史表）第作八十一，與下杜得臣複。證之『功比堂邑侯』語，堂邑八十六，此正八十七也。」

〔三五〕四十一　梁玉繩志疑卷一一：「東武侯第當是二十一，若在四十一，則與高苑同位矣，此誤。」按：表云高苑侯「比斥丘侯」，斥丘侯位四十。史表東武、高苑皆位四十一，而無「二十一」，故梁氏云東武侯當是二十一也。

〔三六〕率將二千五百人　「率將」，疑當作「將卒」。王念孫雜志史記第二：「『率將二千五百人』當依漢表作『將卒二千五百人』，上文陽夏侯陳豨以特將將卒五百人，即其證。今本『將卒』二字誤倒，『卒』字又誤作『率』。」

〔三七〕二歲十月　「二歲」，當依漢書卷一六高惠高后文功臣表作「一歲」。按：漢書卷一上高帝紀上秦二世二年十一月，沛公引兵之薛，高祖元年冬十月至霸上，歷時正一歲十月。

〔三八〕以騎隊率先降翟王　「率」，原作「卒」。梁玉繩志疑卷一一：「『卒』字誤，漢表作『帥』是。」張文虎札記卷二：「『卒』當爲『率』，與『帥』古通。」今據改。

〔三九〕十一　原作「二」，據景祐本、紹興本、耿本、黄本、彭本、柯本、凌本、殿本改。

〔四〇〕連將　漢書卷一六高惠高后文功臣表作「重將」。

〔四一〕圉侯蟲達元年　「蟲達」，原作「蟲逢」，據索隱本改。按：王念孫雜志史記第二：「『蟲逢』，當依漢表作『蟲達』，字之誤也。古有蟲姓，無蟲姓。」

〔四二〕十三　張文虎札記卷二：「孝景止十六年，去垣五年，餘十一年，此『十三』字有誤。據漢表，侯捷於孝文十四年復封，十八年復免，孝景中五年復封。垣侯捷十八年當孝文後二年，下距孝景帝四（年），凡十六年，無復封事，與史不同。」

〔四三〕皋柔　漢書卷一六高惠高后文功臣表作「皇柔」。

〔四四〕別定魏齊爲王　梁玉繩志疑卷一一：「漢表云『定魏、趙，爲齊王』是也，此誤。定魏、趙、齊乃韓信之大功，而書曰『爲齊王』，則定齊不必言矣。」

〔四五〕初南宮侯張生尚之　「生」，原作「坐」，據耿本、黄本、彭本、柯本、凌本、殿本改。按：表下云「中三年，（南宮）侯生元年」。

〔四六〕三十九　原作「二十六」，據景祐本、紹興本、耿本、黄本、彭本、柯本、凌本、殿本改。按：漢書卷一六高惠高后文功臣表作「三十九」。考厭次侯列二十四，本表成侯、故城侯皆云「功比厭次侯」，分列二十五、二十六，正得其宜。知柳丘當依漢表列三十九。

〔四七〕漢王顧謂賀祁子留彭城軍執圭東擊羽　梁玉繩志疑卷一一：「『執圭』上脱『以』字，此其缺也。『祁』字當衍，『子』字漢表訛『王』。」張文虎札記卷二：「『軍』疑『用』字之誤。」按：集解引徐廣曰「漢王顧歎賀祁」，漢書卷一六高惠高后文功臣表云「漢王顧謂賀祈王」，容齋續筆卷八注云「史記作『侯』」。知「祁」字非衍文。疑此處文有譌誤。

〔四八〕封中母侯疵也　據集解，疑當作「封母疵也」。按：漢書卷一六高惠高后文功臣表：「侯涓亡子，封母底爲侯。」

〔四九〕侯方奪侯　「方」，會注本作「開方」，與上文合。

〔五〇〕張戉　原作「張成」。王念孫雜志史記第二：「索隱本作『張成』，注云：『漢表作張越。』引之曰：史記作『成』者，『戉』之誤也。『戉』與『越』同音，故漢表作『越』。『戉』與『成』相似，故史記誤作『成』。」今據改。

〔五一〕以連敖前元年從起單父　「起」字原無。梁玉繩志疑卷一一：「『從』下缺『起』字。」按：漢書卷一六高惠高后文功臣表有「起」字。今據補。

〔五二〕還定三秦屬悼武王以都尉擊籍功侯　此十五字原無，據景祐本、紹興本、耿本、黄本、柯本、凌本、殿本補。按：漢書卷一六高惠高后文功臣表云：「以連敖前元年從起單父，以塞路入漢，還定三秦，屬周吕侯，以都尉擊項籍，功侯。」「周吕侯」即「悼武王」。漢書卷九七上外戚傳上云追尊「兄周吕侯爲悼武王」是也。史表此欄名「侯功」，依表例當載還定三秦、擊籍諸事。陽都、曲城二敍封侯之功，文例皆與此相近。

〔五三〕爲郎騎將　「將」字原無。梁玉繩志疑卷一一：「漢表『騎』下有『將』字，此脱。」今據補。

〔五四〕有罪除　梁玉繩志疑卷一一：「『除』當作『絶』，表例也。」按：殿本、會注本作「絶」。

〔五五〕發婁　梁玉繩志疑卷一一：「通以孝景中五年復封發婁侯，中六年國除，在位一年，則當中書

「『一』字，此缺。」

〔五六〕絳陽　漢書卷一六高惠高后文功臣表作「終陵」。王念孫雜志漢書第二：「地理志無終陵縣，『終陵』當爲『於陵』。濟南郡之屬縣也。」按：王説是。漢表云「元康四年，曾孫於陵大夫告詔復家」，是其明證。

〔五七〕恭侯勃齊元年　梁玉繩志疑卷一一：「漢表無『齊』字，是也。若名『勃齊』，則恭侯之父不得謚『齊』矣。」

〔五八〕前四年　張文虎札記卷二：「『前』字衍。」按：「前」字非衍文。文帝有前元、後元，景帝有前、中、後元。史記諸表記事，於「前元」之「前」，或書或省，其例不一。

〔五九〕以舍人從起碭　「起」字原無。梁玉繩志疑卷一一：「『從』下缺『起』字。」按：漢書卷一六高惠高后文功臣表有「起」字。今據補。

〔六〇〕擊破籍侯武城　「侯」字原無。漢書卷一六高惠高后文功臣表作「破籍侯成武」。梁玉繩志疑卷一一以爲此處闕「侯」字，今據補。又，梁玉繩志疑：「攻成武在曹州，此侯爲東郡都尉，自當封成武。」按：梁説是。本書卷一六秦楚之際月表秦二世三年十月「攻破東郡尉及王離軍於成武南」，卷五四曹相國世家「從攻東郡尉軍，破之成武南」，卷九五樊酈滕灌列傳「從攻圍東郡守尉於成武」、「嬰初以中涓從，擊破東郡尉於成武及秦軍於杠里」，皆其證。然據集解、索隱，則徐廣、司馬貞所見之本已誤，今姑仍其舊。

〔六一〕奉孝惠魯元出睢水中　「睢水」，原作「淮水」。張文虎札記卷二：「『淮』字誤，陳丞相世家集解作『睢』。」今據改。

〔六二〕封雍侯　「封」，原作「于」。張文虎札記卷二：「據陳丞相世家集解疑當作『封』。」今據改。

〔六三〕從起碭中　漢書卷一六高惠高后文功臣表無「中」字。

〔六四〕武侯客　紹興本作「武侯容」。漢書卷一六高惠高后文功臣表作「式侯吾客」。

〔六五〕食其從一歲　「一歲」疑誤。按：據本書卷八高祖本紀、卷一六秦楚之際月表，呂后入楚在漢二年四月，其歸漢在四年九月。

〔六六〕秋舉蕭何功侯　「秋」，漢書卷一六高惠高后文功臣表同。本書卷五三蕭相國世家「於是因鄂君故所食關内侯邑封爲安平侯」集解引作「秩」。梁玉繩志疑卷一一：「孫侍御云『秋』，一本作『秩』，屬上讀。」

〔六七〕有罪絶國除　張文虎札記卷二：「『國除』字疑衍。」按：「絶」與「國除」重複，當衍其一。

〔六八〕千三百户　漢書卷一六高惠高后文功臣表、本書卷九六張丞相列傳並作「千二百户」。

〔六九〕五歲罷　梁玉繩志疑卷一一：「『五』上缺『十』字。」按：本書卷九六張丞相列傳：「蒼爲丞相十五歲而免。」漢書卷一九下百官公卿表下張蒼孝文四年爲丞相，後元二年免，前後凡十五歲。

〔七〇〕侯預元年　「預」，疑當作「顡」。參見下條。

〔七一〕侯預坐臨諸侯喪後不敬國除　「預」，景祐本、殿本作「類」，本書卷九六張丞相列傳、漢書卷一六高惠高后文功臣表同。索隱引漢書作「毅」。王念孫雜志史記第五以爲「預」、「類」、「毅」皆「纇」字之譌。

〔七二〕功比戴侯彭祖　漢書卷一六高惠高后文功臣表作「功比軑侯」。夏燮校漢書八表卷四：「軑侯第一百二十，平皋功與之比，故百二十一也。史表比戴侯彭祖，誤。」

〔七三〕在桐柏山下復水之陽也　「下復水」，疑當作「大復山」。按：水經注卷三〇淮水：「（復陽）在桐柏大復山之陽，故曰復陽也。」本書卷二夏本紀「桐柏至於負尾」索隱：「桐柏一名大復山。」漢書卷二八上地理志上南陽郡「復陽」顔師古注引應劭：「在桐柏下復山之陽。」「下復山」亦當爲「大復山」之誤。

〔七四〕陽河　疑當作「陽阿」。按：序言「至太初百年之閒，見侯五」正義云仁爲「陽阿侯」。王念孫雜志漢書第二：「史表亦作『陽河』，而索隱云『縣名，屬上黨』，則當作『陽阿』。地理志曰『上黨郡陽阿』。水經沁水注曰『陽泉水東逕陽陵城南，即陽阿縣之故城也，漢高帝七年封卞訢爲侯國』是其證。『阿』『河』形聲相亂，故『阿』譌作『河』。」

〔七五〕齊哀侯元年　索隱本作「陽河齊侯卞訢」，漢書卷一六高惠高后文功臣表無「哀」字，疑此衍「哀」字，脱侯名。

〔七六〕中絶　梁玉繩志疑卷一一：「『中絶』二字衍。」按：漢書卷一六高惠高后文功臣表侯午孝景中四年嗣，三十三年薨。埤山共侯章元鼎四年更封，則未嘗中絶也。

〔七七〕二十征和三年十月仁與母坐祝詛大逆無道國除　此事在太初後，當爲後人增竄。

〔七八〕七年三月壬寅　「壬寅」，原作「丙寅」，據殿本改。按：梁玉繩志疑卷一一：「漢表作『壬寅』，是也。高祖七年三月無丙寅。」

〔七九〕擊諸侯　梁玉繩志疑卷一一：「漢表作『擊項籍』，是也。」

〔八〇〕七月丙申　「丙申」，原作「丙辰」。張文虎札記卷二：「志疑云『七月無丙辰』。案：漢表作『丙申』，是。」按：景祐本作「丙申」，今據改。

〔八一〕爲鬼薪　「爲」字原無。梁玉繩志疑卷一一：「『鬼』上缺『爲』字。」按：漢書卷一六高惠高后文功臣表有「爲」字。今據補。

〔八二〕深澤　深澤侯以八年十月癸丑封，漢書卷一六高惠高后文功臣表同。柏至、中水、杜衍、赤泉四侯皆以七年封，深澤侯不應居四人之前，宜移置栒侯之後。

〔八三〕一年絶　「絶」，景祐本、紹興本、耿本、黄本、彭本、柯本作「薨」。

〔八四〕駢憐　殿本作「駢隣」，漢書卷一六高惠高后文功臣表及顔師古注作「駢鄰」。

〔八五〕漢表師古曰二馬曰駢憐謂駢兩騎爲軍翼也説讀曰税説衞謂軍行止舍主爲衞也　張文虎札記卷二：「此蓋後人引漢書注，非集解文。」按：張説是。集解不應引顔師古説。又，「主」，原作「王」，據景祐本、紹興本、耿本、黄本、彭本、柯本、凌本、殿本改。

〔八六〕說衞者說稅也稅衞謂軍行初稅之時王爲衞也　耿本、黄本、彭本、柯本、凌本、殿本無。「王」當作「主」。參見上條。

〔八七〕十月戊辰　「十月」，原作「七月」。梁玉繩志疑卷一一：「漢表『十月戊辰』是，此譌作『七』。」今據改。按：柏至侯若以七年七月封，則不當置於中水、杜衍、赤泉三侯之前。

〔八八〕安如　原作「如安」，據景祐本改。按：漢書卷一六高惠高后文功臣表亦作「安如」。

〔八九〕後共斬項羽　「後」，漢書卷一六高惠高后文功臣表作「復」。

〔九〇〕從曹咎軍　梁玉繩志疑卷一一：「史詮謂『從』下缺『破』字，是也。」按：漢書卷一六高惠高后文功臣表「從」下有「破」字。

〔九一〕恭侯石元年　「石」，紹興本、耿本、黄本、彭本、柯本、凌本、殿本作「右」。漢書卷一六高惠高后文功臣表作「古」。

〔九二〕漢王元年從起下邽　「起」字原無。梁玉繩志疑卷一一引史詮以爲缺「起」字。張文虎札記卷二：「漢表有（起）。」按：依表例當有「起」字，今據補。

〔九三〕三月辛卯　「辛卯」，原作「辛巳」。張文虎札記卷二：「此侯封次在丙戌後，漢表作『辛卯』，是。」今據改。

〔九四〕四月辛卯　漢書卷一六高惠高后文功臣表作「四月辛卯」。梁玉繩志疑卷一一：「吴房之封是三月辛卯，安得四月又有辛卯？蓋『辛酉』之訛也。」張文虎札記卷二：「四月無辛卯。」

〔九五〕莊侯魏選元年　梁玉繩志疑卷一一：「『選』又『遬』之誤。將相表、漢表、水經注並作『遬』。」按：本書卷二二漢興以來將相名臣年表「甯侯遬」集解引徐廣曰：「遬姓魏。」則徐廣所見本正作「魏遬」。卷一一〇匈奴列傳亦云「甯侯魏遬爲北地將軍」。

〔九六〕薨無後絶　此四字原在上欄「恭侯它元年」後，據景祐本、紹興本、耿本、黄本、彭本、柯本、凌本、殿本移。按：漢書卷一六高惠高后文功臣表：「十二年，共侯它嗣，一年薨，亡後。」

〔九七〕功比平定侯　原作「功定平侯」。梁玉繩志疑卷一一：「漢表云『功比平定侯』，此脱誤。」按：上文汁方、故市二侯亦云「功比平定侯」，文例正同，今據改。

〔九八〕八年後九月丙午　「後」字原無。梁玉繩志疑卷一一：「是年九月無丙午，史漢表俱誤，若是後九月則有之。」張文虎札記卷二：「後表龍侯後九月己未，則此表亦當作『後九月』也。」按：顓頊日曆表，高祖八年九月辛未朔，無丙午；後九月辛丑朔，丙午爲六日。今據補。

〔九九〕元封元年　「元年」，景祐本、紹興本、耿本、黄本、彭本、柯本、凌本、殿本作「二年」。

〔一〇〇〕五十六　此三字原無。梁玉繩志疑卷一一：「此襄平侯第也，表缺，漢表作『六十六』，誤。」張文虎札記卷二：「漢表作『六十六』，則與蔡寅同矣。」按：漢表於肥如侯蔡寅、襄平侯紀通、高梁侯酈疥三人同標「六十六」。考史表汁方、故市、襄平三侯皆曰「功比平定侯」，漢表平定侯位五十四，史表汁方侯位五十七、故市侯位五十五，則襄平侯當在五十六。今據補。

〔一〇一〕陸梁　景祐本、紹興本、耿本、索隱本作「陸量」，漢書卷一六高惠高后文功臣表同。

〔一〇二〕四月戊寅　「戊寅」，原作「丙寅」。梁玉繩志疑卷一一：「漢表作『戊寅』，是。」按：離侯之封亦在四月戊寅，二人蓋以同日封。今據改。

〔一〇三〕不得元年　「年」字原無，據景祐本、紹興本、耿本、黄本、彭本、柯本、凌本、殿本補。

〔一〇四〕皆失謚　三字疑爲後人注，誤入正文。

〔一〇五〕睢陽　梁玉繩志疑卷一一：「漢書表、傳並作『睢陵』，則此誤也。」按：漢書卷一九下百官公卿表下：「（元鼎四年）睢陵侯張廣國爲太常。」卷三二張耳傳：「元光中，復封偃孫廣國爲睢陵侯。」

〔一〇六〕封偃孫侯廣元年　「廣」，漢書卷一六高惠高后文功臣表、卷一九下百官公卿表下、卷三二張耳傳作「廣國」。

〔一〇七〕國除　景祐本、耿本、黄本、彭本、柯本、凌本此下有「漢表師古曰祠事有闕乏也」十一字。按：漢書卷一六高惠高后文功臣表顔師古注無「乏」字。

〔一〇八〕樂説　漢書卷一六高惠高后文功臣表作「樂説」。按：本書卷九二淮陰侯列傳「其舍人得罪於信」索隱：「姚氏案功臣表云慎陽侯樂説，淮陰舍人，告信反。未知孰是。」

〔一〇九〕漢五年初從　「五年」，原作「二年」，據景祐本改。按：梁玉繩志疑卷一一：「『二年』當依漢表作『五年』。」

〔一一〇〕用奇計徙御史大夫周昌爲趙相而代之從擊陳豨　「代」，原作「伐」，「之從擊」三字原無。張文虎札記卷二：「彼文（漢表）云『從御史大夫周昌爲趙相，代昌爲御史大夫，從擊陳豨』。疑此文『伐』即『代』字之譌，『代』下缺『之從擊』三字。」今據改補。

〔二一〕以漢三年爲郎中　「漢」字原無。梁玉繩志疑卷一一：「『三年』上缺『漢』字。」按：漢書卷一六高惠高后文功臣表有「漢」字，依史記文例亦當有。今據補。

〔二二〕侯越元年　「越」下疑脱「人」字。按：本書卷九六張丞相列傳「高后時爲御史大夫，三歲免」集解引徐廣云任敖曾孫名越人，漢書卷一六高惠高后文功臣表亦作「越人」。下「侯越」同。

〔二三〕雍軍塞陳謁上　漢書卷一六高惠高后文功臣表作「雍軍塞渭上」。

〔二四〕以都尉擊陳豨　「以」字原無。梁玉繩志疑卷一一：「『都尉』上缺『以』字。」按：依史記文例亦當有此字。今據補。

〔二五〕以中廄令擊豨　「中廄令」，原作「中令」。梁玉繩志疑卷一一：「中廄令也，缺『廄』字。」按：漢書卷一六高惠高后文功臣表作「中廐令」。今據改。

〔二六〕二十五後元元年五月甲戌坐祝詛無道國除　表序云「至太初百年之閒，見侯五」正義：「謂平陽侯曹宗、曲周侯酈終根、陽阿侯齊仁、戴侯祕蒙、穀陵侯馮偃也。」按：戴侯祕蒙在「見侯」之列，今載其失國，當爲後人竄入。

〔二七〕十一年七月乙巳　「乙巳」，景祐本、凌本、殿本作「己丑」，漢書卷一六高惠高后文功臣表同。

〔二八〕羣盜長爲臨江將　「爲」字原無。梁玉繩志疑卷一一：「『臨』上缺『爲』字，漢表有。」今據補。

〔一九〕一　「一」字原無，據景祐本、紹興本、耿本、黄本、柯本、凌本、殿本及表例補。

〔二〇〕博陽索隱縣名屬彭城　錢大昕考異卷二：「彭城即楚國。漢志楚國有傅陽縣，古偪陽國。此『博陽』必『傅陽』之訛也。且同時有博陽侯陳濞，不應同名。小司馬注史記時尚未誤，後來轉刻，訛爲『博』爾。」

〔二一〕以隊卒入漢　「卒」，漢書卷一六高惠高后文功臣表作「率」，疑是。按：此侯「以卒從起豐」，不當復云「以隊卒入漢」。

〔二二〕十月辛丑　「十月」，原作「十一月」。梁玉繩志疑卷一一：「漢表作『十月』，是。」張文虎札記卷二：「下陽義、下相皆十月，則此十一月誤明矣。十月癸未朔，十九日辛丑，先陽義一日。」今據改。

〔二三〕還爲中尉　「還」，景祐本作「遷」，漢書卷一六高惠高后文功臣表同。

〔二四〕十月己酉　「己酉」，原作「乙酉」。梁玉繩志疑卷一一：「漢表作『己酉』，是也。」張文虎札記卷二：「若乙酉，則當列中牟前矣。」今據改。

〔二五〕十二月丁亥　「十二月」，原作「十一月」。張文虎札記卷二：「志疑云漢表作『十二月』是。十二月壬午朔。」按：是年十一月癸丑朔，無丁亥。今據改。

〔二六〕別屬丞相韓信　「相」字原無。梁玉繩志疑卷一一：「『丞』下缺『相』字。」按：時信爲左丞相。本書卷九二淮陰侯列傳云「其八月，以信爲左丞相，擊魏」，卷五四曹相國世家云「參以右丞相屬韓信」。今據補。又，漢書卷一六高惠高后文功臣表無「别」字，疑此衍。

〔二七〕千户　此上原有「合」字。梁玉繩志疑卷一一：「史詮曰衍『合』字。漢表千五百户。」今據删。

〔二八〕園侯季必　張文虎札記卷二：「毛本『季』作『李』。」

〔二九〕重泉人李必此作季誤也　原作「重泉人作李誤也」，據耿本、黄本、彭本、柯本、凌本、殿本改。按：本書卷九五樊酈滕灌列傳「故秦騎士重泉人李必、駱甲習騎兵」。

〔三〇〕四年齊侯班元年　漢書卷一六高惠高后文功臣表云「孝文元年，賁侯長嗣，三年薨；四年，躁侯瑕嗣」。梁玉繩志疑卷一一：「史表於孝文格内失書『元年賁侯長元年』七字。」

〔三一〕元光五年侯廣宗元年元鼎元年侯廣宗坐酎金國除　梁玉繩志疑卷一一：「攷漢表『元光五年，節侯周嗣，三年薨。元朔二年，侯廣宗嗣，十五年，元鼎五年坐酎金免』。此失書節侯一代，而又誤書廣宗之年。」

〔三二〕定侯意　「意」上索隱本有「奚」字，與漢書卷一六高惠高后文功臣表合。陳直史記新證：「漢表作『成陽定侯奚意』，本文因二字相似，傳鈔時脱去『奚』字也。」

〔三三〕三月丁巳　「三月」，原作「二月」。張文虎札記卷二：「志疑云『漢表三月』。案：二月無丁巳。」按：是年三月辛亥朔，丁巳爲七日。今據改。

〔三四〕厲侯申元年　「申」，景祐本、紹興本作「由」，漢書卷一六高惠高后文功臣表同。

〔三五〕元光三年侯勃元年元狩元年坐詐詔衡山王取金當死病死國除　張文虎札記卷二：「漢表勃在位無年數，而詐取衡山王金者乃勃嗣平，表失侯平一代，又以平事并入勃。」按：張説是。本書卷九七酈生陸賈列傳：「酈食其子疥數將兵，功未當侯，上以其父故，封疥爲高梁侯。後更食武遂，嗣三世。元狩元年中，武遂侯平坐詐詔衡山王取百斤金，當弃市，病死，國除也。」正義：「年表云『（疥）卒，子敎嗣。卒，子平嗣，元年有罪，國除』。」漢書卷一六高惠高后文功臣表：「元光三年，侯勃嗣。侯平嗣。元狩元年，坐詐衡山王取金，免。」

〔三六〕紀信　張文虎札記卷二：「疑『信』乃『侯』字譌衍。」按：張説不確。陳直史記新證：「齊魯封泥集存十九頁有『紀信邑丞』封泥，可證西漢初有紀信縣。」史記各本皆作「紀信」，漢書卷一六高惠高后文功臣表同。

〔三七〕後二年　此下原有「六月」二字。梁玉繩志疑卷一一：「列侯嗣位，例不書月。」今據删。

〔三八〕十年侯嫖有罪　「十年」，依表例當作「中三年」。孝景帝凡三元，前七年，中六年，後三年，無至十年者。漢書卷一六高惠高后文功臣表云「孝景十年，有罪免」。

〔三九〕亦作束　「束」，耿本、黄本、彭本、柯本、凌本、殿本作「赤」。

〔四〇〕靖侯赤元年　疑文有脱誤。按：漢書卷一六高惠高后文功臣表云此侯「六月壬辰封，七年，孝惠七年薨。嗣子有罪，不得代」。

〔四一〕康侯武　「武」，漢書卷一六高惠高后文功臣表作「式」。

〔四二〕節侯毛澤之元年　「之」字原無，據索隱本補。梁玉繩志疑卷一一：「漢表名『釋之』。『澤』、『釋』古通。今本脱『之』字。」按：本書卷五四曹相國世家「軍東張」集解徐廣引功臣表作「毛澤之」。

〔四三〕十二年　此下原有「六月」二字。張文虎札記卷二：「二字疑衍。」按：上鄢陵侯云「十二年中」，蓋不得其封月，此不應復云「六月」。今據删。

史記卷十九

惠景閒侯者年表第七

太史公讀列封至便侯，【一】曰：有以也夫！長沙王者，著令甲，稱其忠焉。【二】昔高祖定天下，功臣非同姓疆土而王者八國。【三】至孝惠時，唯獨長沙全，禪五世，【四】以無嗣絶，【五】竟無過，爲藩守職，信矣。故其澤流枝庶，毋功而侯者數人。【六】及孝惠訖孝景閒五十載，追修高祖時遺功臣，及從代來，吴楚之勞，諸侯子弟若肺腑，【七】外國歸義，封者九十有餘。咸表始終，當世仁義成功之著者也。

【一】索隱便音鞭，縣名也。吴淺所封。

【二】集解鄧展曰：「漢約，非劉氏不王。如芮王，故著令使特王。或曰以芮至忠，故著令也。」瓚曰：「漢以芮忠，故特王之；以非制，故特著令。」

【三】集解異姓國八王者，吴芮、英布、張耳、臧荼、韓王信、彭越、盧綰、韓信也。索隱非同姓而王者八國，齊王韓信、韓王韓信、燕王盧綰、梁王彭越、趙王張耳、淮南王英布、臨江王共敖、長沙王吳芮，凡八也。

【四】索隱 禪者，傳也。案：諸侯王表，芮國至五世而絕。

【五】集解 徐廣曰：「孝文後七年，靖王薨，無嗣。」

【六】索隱 案：此表芮子淺封便侯，傳至玄孫；又封成王臣之子爲沅陵侯，亦至曾孫。

【七】索隱 柿府二音〔一〕。柿，木札也；附，木皮也。以喻人主疏末之親，如木札出於木，樹皮附於樹也。詩云「如塗塗附」，注云「附，木皮」也。

國名	侯功	孝惠七	高后八	孝文二十三	孝景十六	建元至元封六年三十六〔二〕	太初已後
便 索隱 漢志縣名，屬桂陽。音鞭。	長沙王子，侯，二千户。	七 元年九月，頃侯吳淺元年。	八	二十二 一 後七年，恭侯信元年。	五 十一 前六年，侯廣志元年。	二十八〔三〕 元鼎五年，侯千秋坐酎金，國除。	
軑	長沙相，侯，七百	六	二 六	十五 八	十六	三十	

集解 音大。 索隱 軑音大，縣名，在江夏也。	平都 索隱 縣名，屬東海。	右孝惠時三
户。	以齊將高祖三年降，定齊，侯千户。	
二年四月庚子，侯利倉元年。索隱 漢書作「軑侯朱倉」。〔四〕故長沙相。	三 五年六月乙亥，孝侯劉到元年。索隱 故齊將。已上孝惠時三人也。	
三年，侯豨元年。	八	
十六年，侯彭祖元年。	二 三年，侯成元年。 二十一	
	十四 後二年，侯成有罪，國除。	
元封元年，侯秩爲東海太守，行過不請，擅發卒兵，爲衛，當斬，會赦，國除。		

扶柳 索隱 縣名，屬信都。	高后姊長姁子，侯。		七 元年四月庚寅，侯呂平元年。 八年，侯平坐呂氏事誅，國除。			
郊 索隱 一作「洨」，縣名，屬沛郡。〔五〕	呂后兄悼武王身佐高祖定天下，呂氏佐高祖治天下，天下大安，封武王少子產爲郊侯。		五 元年四月辛卯，侯 六年七月壬辰，產 八年九月，產以呂王爲漢相，謀爲不			

	南宮 索隱 縣名，屬信都。	梧 索隱 縣名，屬
	以父越人爲高祖騎將，從軍，以大中大夫侯。	以軍匠從起郟，入漢，後爲少府，作長樂、未央宮，
呂產元年。爲呂王，國除。善。大臣誅產，遂滅諸呂。	七 元年四月丙寅，侯張買元年。八年，侯買坐呂氏事誅，國除。	六 元年四月乙酉， 二 七年，敬侯
		二十三
		九 七 中三年，靖
		八 十四 元光三年，侯戎奴元

彭城。	築長安城，先就，功侯五百户。		齊侯陽成延元年。 去疾元年。		侯偃元年。	年。 元狩五年，侯戎奴坐謀殺季父弃市，國除。	
平定〔索隱〕漢志闕。或鄉名。	以卒從高祖起留，以家車吏入漢，以梟騎都尉擊項籍，得樓煩將功，用齊丞相侯。一云項涓。		八 元年四月乙酉，敬侯齊受元年。	一 四 二年，齊侯市人元年。 十八 六年，恭侯應元年。	十六	七 十八 元光二年，康侯延居元年。 二 元鼎二年，侯昌元年。元鼎四年，侯昌有罪，國除。	

博成 【索隱】漢志闕。	以悼武王郎中兵初起從高祖起豐，攻雍丘，擊項籍，力戰，奉衛悼武王出滎陽，功侯。		三 元年四月乙酉，敬侯馮無擇元年。 四 四年，侯代元年。八年，侯代坐呂氏事誅，國除。				
沛 【索隱】縣名，屬沛郡。	呂后兄康侯少子，侯，奉呂宣王寢園。		七 元年四月乙酉，侯呂種元年。 一 爲不其侯。八年，侯種坐呂氏事誅，國除。				

襄成 〔索隱〕縣名，屬潁川。	孝惠子，侯。		一 元年四月辛卯，侯義元年。 二年，侯義爲常山王，國除。				
軹 〔索隱〕縣名，屬河内。	孝惠子，侯。		三 元年四月辛卯，侯朝元年。 四年，侯朝爲常山王，國除。				
壺關 〔索隱〕縣名，屬	孝惠子，侯。		四 元年四月 五年，侯武				

河內。			辛卯，侯武元年。爲淮陽王，國除。				
沅陵 索隱 沅陵，縣，近長沙，漢志屬武陵。	長沙嗣成王子，侯。		八 元年十一月壬申〔六〕，頃侯吳陽元年。	十七 後二年，頃侯福元年。 六	十一 中五年，哀侯周元年。 四 後三年，侯周薨，無後，國除。		
上邳	楚元王子，侯。		七 二年五月丙申，侯劉郢客元年。	一 二年，侯郢客爲楚王，國除。			
朱虛 索隱	齊悼惠王子，侯。		七 二年五月丙申，	一 二年，侯章爲			

國名	侯功	孝惠	高后	孝文	孝景		
縣名，屬琅邪。			侯劉章元年。	城陽王，國除。			
昌平 〔索隱〕縣名，屬上谷。	孝惠子，侯。〔索隱〕實呂氏也。		三 四年二月癸未，侯太元年。 七年，太爲呂王，國除。				
贅其 〔索隱〕縣名，屬臨淮。	呂后昆弟子，用淮陽丞相侯。		四 四年四月丙申，侯呂勝元年。 八年，侯勝坐呂氏事誅，國除。				

國名	侯功	孝惠七	高后八	孝文二十三	孝景十六	建元至元封六年三十六	太初已後
中邑 索隱漢志闕。	以執矛從高祖入漢，以中尉破曹咎，用吕相侯，六百户。		五 四年四月丙申，貞侯朱通元年〔七〕。	十七 六 後二年，侯悼元年。	十五 後三年，侯悼有罪，國除。		
樂平 索隱漢志闕。	以隊卒從高祖起沛，屬皇訢，以郎擊陳餘，用衛尉侯，六百户。		二 四年四月丙申，簡侯衛無擇元年。 三 六年，恭侯勝元年。	二十三	十五 一 後三年，侯侈元年。	五 建元六年，侯侈坐以買田宅不法，又請求吏罪，國除。	
山都 索隱漢志闕。	高祖五年爲郎中柱下令，以衛將軍擊陳豨，用梁相侯。		五 四年四月丙申，貞侯王恬開元年。	三 二十 四年，惠侯中黄元年。	三 十三 四年，敬侯觸龍元年。	二十二 八 元狩五年，侯當元年。 元封元年，侯當坐	

	松茲 集解徐廣曰：「松，一作『祝』。」索隱漢表作「祝」，縣名，屬廬江。	成陶 集解徐廣曰：
	兵初起，以舍人從起沛，以郎中入漢〔八〕，還，得雍王邯家屬功，用常山丞相侯。	以卒從高祖起單父，爲呂氏舍人，度呂氏淮之
	五 四年四月丙申，夷侯徐厲元年。	五 四年四月丙申，夷侯周信元年。
	六 七年，康侯悼元年。 十七	十一 十二年，孝侯勃元年。 三
	十二 中六年，侯偃元年。 四	
與奴闌入上林苑，國除。	五 建元六年，侯偃有罪，國除。	

「一作『陰』。」索隱漢表作「成陰」也，漢志闕。	功〔九〕，用河南守侯，五百户。			十五年，侯勃有罪，國除。			
俞 集解如淳曰：「音輸。」索隱俞音輸。俞縣屬清河也。	以連敖從高祖破秦〔一〇〕，入漢，以都尉定諸侯，功比朝陽侯。嬰死，子它襲功，用太中大夫侯。		四 四年四月丙申，侯呂它元年。索隱呂他，他音駝，呂嬰子也。 八年，侯它坐呂氏事誅，國除。				

國名	侯功	高祖	孝惠	高后	孝文	孝景	建元至元封	太初
滕 索隱 勝侯。一作「滕」。劉氏云作「勝」，恐誤。今案：滕縣屬沛郡，「勝」未聞。	以舍人、郎中十二歲，以都尉屯霸上〔二〕，用楚相侯。		四 四年四月丙申，侯呂更始元年。索隱 更始，呂氏之族。 八年，侯更始坐呂氏事誅，國除。					
醴陵 索隱 縣名，今在長沙。	以卒從漢王二年初起櫟陽，以卒吏擊項籍，爲河內都尉，用長沙相侯〔三〕，六百户。		五 四年四月丙申，侯越元年。	三 四年，侯越有罪，國除。				

呂成	呂后昆弟子，侯。		四 四年四月丙申，侯呂忿元年。八年，侯忿坐呂氏事誅，國除。				
東牟【索隱】縣名，屬東萊。	齊悼惠王子，侯。		三 六年四月丁酉，侯劉興居元年。	一 二年，侯興居爲濟北王，國除。			
鍾【集解】一作「鉅」。	呂肅王子，侯。		二 六年四月丁酉，八年，侯通爲燕王，坐呂				

索隱 縣名，屬東萊。	信都 索隱 縣名，屬信都。	樂昌
	以張敖、魯元太后子侯。	以張敖、魯元太后子侯。
侯呂通 索隱 呂后兄子。元年。氏事，國除。	八年四月丁酉，一侯張侈 索隱 敖子，以魯元公主封。元年。	八年四月丁酉，一侯張受元年。
	元年，侯侈有罪，國除。	元年，侯受有罪，國除。

祝茲 索隱漢書在「琅邪」〔一三〕。	呂后昆弟子，侯。		八年四月丁酉，侯呂榮元年。坐呂氏事誅，國除。				
建陵 索隱漢表在「東海」〔一四〕。	以大謁者侯，宦者，多奇計。		八年四月丁酉，侯張澤元年。索隱一名釋。九月，奪侯，國除。				
東平 集解徐廣曰：「一作『康』。」索隱	以燕王呂通弟侯。		八年五月丙辰，侯呂莊元年。坐呂氏事誅，國除。				

縣名，在東平。							
右高后時三十一							
陽信 索隱 表在新野，志屬勃海，恐有二縣。	高祖十二年爲郎。以典客奪趙王呂祿印，關殿門拒呂產等入，共尊立孝文，侯，二千户。			十四 元年三月辛丑，侯劉揭[一五] 索隱 陽信夷侯劉揭。元年。 九 十五年，侯中意元年。	五 六年，侯中意有罪，國除。		
軹 索隱 縣名，屬河內也。	高祖十年爲郎，[一六]從軍十七歲，爲太中大夫，迎孝文代，用車			十 元年二月乙巳 十三 十一年，易侯戎奴元年。	十六	一 建元二年，侯梁元年。	

	壯武 索隱 縣名，屬膠東。	清都 集解 徐廣曰：
騎將軍迎太后，侯，萬户。薄太后弟。	以家吏從高祖起山東，以都尉從之滎陽〔一八〕，食邑。以代中尉勸代王入，驂乘至代邸，王卒爲帝，功侯，千四百户。	以齊哀王舅父侯。索隱 舅父即舅，猶姨曰姨母然也。
〔一七〕，侯薄昭元年。	二十三 元年四月辛亥，侯宋昌元年。	五 元年四月辛未， 前六年，鈞
	十一 中四年，侯昌奪侯，國除。	

周陽 索隱 縣名，屬	一作「鄡」，音苦堯反。」 索隱 清郭侯駟鈞。齊封田嬰爲清郭君。漢表「鄔侯駟鈞」，鄔，太原縣〔一九〕。
以淮南厲王舅父侯。	
五 元年四月辛未， 前六年，兼	侯駟鈞元年。 有罪，國除。

上郡。	樊 索隱縣名，屬東平。	管〔三一〕索隱管，古國，今爲縣，屬滎陽。
	以睢陽令高祖初起從阿〔三〇〕，以韓家子還定北地，用常山相侯，千二百户。	齊悼惠王子，侯。
侯趙兼元年。有罪，國除。	十四 元年六月丙寅，侯蔡兼元年。十五年，康侯客元年。集解徐廣曰：「客，一作『容』。」九	二 四年五月甲寅，恭侯劉罷軍元年。六年，侯戎奴元年。十八
	九 中三年，恭侯平元年。七	二 三年，侯戎奴反，國除。
	十三 元朔二年，侯辟方元年。十四 元鼎四年，侯辟方有罪，國除。	

國名	侯功						
				索隱 共侯劉罷軍。			
瓜丘[二一]　索隱 斥丘。縣，在魏郡。	齊悼惠王子，侯[二二]。			十一 四年五月甲寅，侯劉寧國元年。 九 十五年，侯偃元年。	二 三年，侯偃反，國除。		
營　索隱 表在濟南。	齊悼惠王子，侯。			十 四年五月甲寅，平侯劉信都元年。 十 十四年，侯廣元年。	二 三年，侯廣反，國除。		
楊虛	齊悼惠王子，侯。			十二 四年五 十六			

	杸 集解 音力。 索隱 杸，縣名，屬平原。
	齊悼惠王子，侯。
月甲寅，恭侯劉將廬元年。 索隱 楊虚共侯劉將廬。漢書作「將閭」，齊悼惠王子，襲封，王子也。 年，侯將廬爲齊王，有罪，國除〔三四〕。	十二 四年五月甲寅，侯劉辟光元年。 十六年，侯辟光爲濟

音力。				南王，國除。			
安都 [索隱]漢志闕。	齊悼惠王子，侯。			十二 四年五月甲寅，侯劉志元年。 十六年，侯志爲濟北王，國除。			
平昌 [索隱]縣名，屬平原。	齊悼惠王子，侯。			十二 四年五月甲寅，侯劉卬元年。 十六年，侯卬爲膠西			

					王，國除。			
武城 索隱 漢志闕。凡闕者，或鄉名，或尋廢，故志不載。	齊悼惠王子，侯。			十二 四年五月甲寅，侯劉賢元年。	十六年，侯賢爲菑川王，國除。			
白石 索隱 縣名，屬金城。	齊悼惠王子，侯。			十二 四年五月甲寅，侯劉雄渠元年。	十六年，侯雄渠爲膠東王，			

	波陵 [索隱]漢表作「泝」〔三五〕，音泜。	南鄓 [集解]徐廣曰：「一作『朝』。」[索隱]韋昭音貞，一音
	以陽陵君侯。	以信平君侯。
國除。	五 七年三月甲寅，康侯魏駟元年。 十二年，康侯魏駟薨，無後，國除。	一 七年三月丙寅，侯起元年。[索隱]起，名也，史失 孝文時坐後父故奪爵級，關內

程。李彤云：「河南有鄍亭。」音赬。	阜陵 索隱 縣名，屬九江。	安陽 索隱 安陵。縣名，屬馮翊，恐別
	以淮南厲王子侯。	以淮南厲王子侯。
其姓。 侯。	八 八年五月丙午，侯劉安元年。 十六年，安爲淮南王，國除。	八 八年五月丙午，侯勃 十六年，侯勃爲衡山王，國除。

有「安陵」。				元年。			
陽周	以淮南厲王子侯。			八 八年五月丙午，侯劉賜元年。 十六年，侯賜爲廬江王，國除。			
東城 索隱 縣名，屬九江。	以淮南厲王子侯。			七 八年五月丙午，哀侯劉良元年。 十五年，侯良薨，無後，國除。			

犂 索隱縣名，屬東郡。	以齊相召平子侯，千四百一十户。			十一 十年四月癸丑，頃侯召奴元年。 三 後五年，侯澤元年。	十六	十六 元朔五年，侯延元年。 十九 元封六年，侯延坐不出持馬，斬，國除。	
缾 索隱縣名，屬琅邪。缾音瓶。	以北地都尉孫卬匈奴入北地力戰死事，子侯。			十 十四年三月丁巳，侯孫單元年。	二 前三年，侯單謀反，國除。		
弓高 索隱漢表在營陵。	以匈奴相國降，故韓王信孽子，侯，千二百三十七户。			八 十六年六月丙子，莊侯韓穨當元年。	十六 前元年，侯則元年。	十六 元朔五年，侯則薨，無後，國除。	

國名	侯功	孝惠七	高后八	孝文二十三	孝景十六	建元至元封六年三十六	太初已後
襄成 [索隱] 襄城，志屬潁川。	以匈奴相國降，侯，故韓王信太子之子，侯，千四百三十二戶。			七 十六年，六月丙子，哀侯韓嬰元年。 一 後七年，侯澤之元年。	十六	十五 元朔四年，侯澤之坐詐病不從，不敬，國除。	
故安 [索隱] 縣名，屬涿郡。	孝文元年，舉淮陽守從高祖入漢，功侯，食邑五百戶；用丞相侯，一千七百一十二戶。			五 後三年四月丁巳，節侯申屠嘉元年。	二 前三年，恭侯蔑元年〔二六〕。 十四	十九 元狩二年，清安侯臾元年。 五 元鼎元年，臾坐爲九江太守有罪，國除。	
章武 [索隱]	以孝文后弟侯，萬一千八百六			一 後七年六月乙	六 前七年，恭 十	八 元光三年，侯 十	

	南皮
縣名，屬勃海。	南皮 [索隱]縣名，屬勃海。
十九户。	以孝文后兄竇長君子侯，六千四百六十户。
卯，景侯竇廣國元年。	一 後七年六月乙卯，侯竇彭祖元年。
侯完元年。	十六
常坐元年〔二七〕。元狩元年，侯常坐謀殺人未殺罪，國除。	五 建元六年，夷侯良元年。 五 元光五年，侯桑林元年。 十八 元鼎五年，侯桑林坐酎金罪，國除。

右孝文時二十九

平陸【索隱】縣名，屬西河。又有東平陸，在東平。	楚元王子，侯，三千二百六十七户。				二 元年四月乙巳，【集解】一云「乙卯」。侯劉禮元年。 三年，侯禮爲楚王，國除。		
休	楚元王子，侯。				二 元年四月乙巳，侯富元年。 三年，侯富以兄子戊爲楚王反，富與家屬至長安北闕		

	沈猶 [索隱]漢表在高苑。
	楚元王子，侯，千三百八十户。
自歸，不能相教，上印綬。詔復王。後以平陸侯爲楚王，更封富爲紅侯。	十六 元年四月乙巳，夷侯劉穢元年。
	四 建元五年，侯受元年。元狩五年，侯受坐故爲宗正聽謁不具宗 十六

	紅 [索隱]紅、休，蓋二鄉名。王莽封劉歆爲紅休侯。一云紅即虹縣也。
	楚元王子，侯，千七百五十户。
	四 三年四月乙巳〔三八〕，莊侯富元年。 一 前七年，悼侯澄元年。 九 中元年，敬侯發元年。[集解]發，一作「嘉」。 [索隱]紅雅侯劉富，一云禮侯也，
室，不敬，國除。	十五 元朔四年，侯章元年。 一 元朔五年，侯章薨，無後，國除。

宛朐 索隱 冤朐，縣

楚元王子，侯。

二

元年四月乙巳，侯埶元年，三年，

楚元王子。案王傳，休侯富免後封紅侯，此則並列，誤也。漢表一書而已。

名，屬濟陰。	魏其 索隱 縣名，屬琅邪。
	以大將軍屯滎陽，扞吳楚七國，侯，三千三百五十户。
侯劉埶元年。反，國除。 索隱 蕭該埶音藝。	十四 三年六月乙巳，侯竇嬰元年。
	九 建元元年，爲丞相，二歲免。 元光四年，侯嬰坐爭灌夫事上書稱爲先帝詔，矯制害，弃市，國除。

國名	棘樂	俞 【索隱】俞音輸，縣名，屬清河。
侯功	楚元王子，侯，户千二百一十三。	以將軍吳楚反時擊齊有功。布故彭越舍人，越反時布使齊，還已梟越，布祭哭之，當亨，出忠言，
孝惠七		
高后八		
孝文二十三		
孝景十六	十四 三年八月壬子，敬侯劉調元年。	六 六年四月丁卯，侯欒布元年。 中五年，侯布薨。〔三九〕
建元至元封六年三十六	一 十二 建元二年，恭侯應元年。 十六 元朔元年，侯慶元年。 元鼎五年，侯慶坐酎金，國除。	十 元狩六年，侯賁坐爲太常廟犧牲不如令，有罪，國除。【集解】一云元朔二年，侯賁元年。
太初已後		

	高祖舍之。黥布反，布爲都尉，侯，户千八百。						
建陵	以將軍擊吳楚功，用中尉侯，户一千三百一十。				十二 六年四月丁卯，敬侯衛綰元年。	十 六 元光五年，侯信元年。 元鼎五年，侯信坐酎金，國除。	
建平 索隱 縣名，屬沛郡。	以將軍擊吳楚功，用江都相侯，户三千一百五十。				十二 六年四月丁卯，哀侯程嘉元年。	七 一 一 元光二年，節侯横元年。 元光三年，侯回元年。元光四年，侯回	

國名	侯功	孝惠七	高后八	孝文二十三	孝景十六	建元至元封六年三十六	太初已後
						薨，無後，國除。	
平曲 索隱案：漢表在高城。	以將軍擊吳楚功，用隴西太守侯，户三千二百二十。				五 六年四月己巳，侯公孫昆索隱漢書作「渾」。邪元年。 中四年，侯昆邪有罪，國除。太僕賀父。		
江陽 索隱縣，在東海也。	以將軍擊吳楚功，用趙相侯，户二千五百四十一。				四 六年四月壬申，康侯蘇 七 中三年，懿侯盧	二 十五 建元三年，侯明 十二 元朔六年，侯雕元年。	

	遽[索隱]案漢表，鄉名，在常山。
	以趙相建德王遂反建德不聽，死事，子侯，户千九百七十。
嘉元年。[集解]徐廣曰：「蘇，一作『籍』。」[索隱]漢表作「蘇息」。 元年。[集解]徐廣曰：「一作『哀侯』。」	六 中二年四月乙巳，侯横元年。[索隱]史失其姓。 後二年，侯横有罪，國除。
元年〔三〇〕。 元鼎五年，侯雕坐酎金，國除。	

新市 索隱 縣名，屬鉅鹿。	以趙內史王慎王遂反，慎不聽，〔三二〕死事，子侯，户一千十四。				五 中二年四月乙巳，侯王康元年〔三三〕。 三 後元年，殤侯始昌元年。	九 元光四年，殤侯始昌為人所殺，國除。	
商陵 索隱 漢表在臨淮。	以楚太傅趙夷吾王戊反，不聽，死事，子侯，千四十五户。				八 中二年四月乙巳，侯趙周元年。	二十九 元鼎五年，侯周坐為丞相知列侯酎金輕，下廷尉，自殺，國除。	

山陽	以楚相張尚王戊反，尚不聽，死事，子侯，户千一百一十四。				八 中二年四月乙巳，侯張當居元年。	十六 元朔五年，侯當居坐爲太常程博士弟子故不以實，罪，國除。集解徐廣曰：「程，一作『澤』。」	
安陵	以匈奴王降侯，户一千五百一十七。				七 中三年十一月庚子，侯子軍元年。	五 建元六年，侯子軍薨，無後，國除。	

垣 索隱 縣名，屬河東。	以匈奴王降侯。				三 中三年十二月丁丑，侯賜元年。 六年，賜死，不得及嗣。		
遒 索隱 縣名，屬涿郡。音茲鳩反。	以匈奴王降侯，户五千五百六十九。				中三年十二月丁丑，侯隆彊元年。 索隱 遒侯李隆彊。 不得隆彊嗣。		後元年四月甲辰，侯則坐使巫齊少君祠祝詛上，大逆無道，國除。〔三〕 集解 徐廣曰：「漢書云武後二年。」

容成 [索隱]縣名，屬涿郡。	以匈奴王降侯，七百户。				七 中三年十二月丁丑，侯唯徐盧[索隱]容成侯唯徐盧。元年[三四]。	十四 建元元年，康侯綽元年。 二十二 元朔三年，侯光元年。	十八 後二年三月壬辰，侯光坐祠祝詛，國除。[三五]
易 [索隱]縣名，屬涿郡。	以匈奴王降侯。[三六]				六 中三年十二月丁丑，侯僕黥元年。 後二年，侯僕黥薨，無嗣。		
范陽 [索隱]縣名，屬	以匈奴王降侯，户千一百九十七。				七 中三年十二月丁丑，端侯代	七 二 元光二年，懷侯德元年。	

涿郡。	翕 [索隱]漢表在內黃。	亞谷 [索隱]一作「惡父」,漢表在河內。
	以匈奴王降,侯。	以匈奴東胡王降,故燕王盧綰子,侯,千五百户。
[索隱]范陽靖侯代。元年。	七 中三年十二月丁丑,侯邯鄲元年。	二 中五年四月丁巳,簡侯它父〔三七〕[索隱]簡侯他父。 三 後元年,安侯種元年。
元光四年,侯德薨,無後,國除。	九 元光四年,侯邯鄲坐行來不請長信,不敬,國除。	十一 建元元年,康侯偏元年。 二十五 元光六年,侯賀元年。
		十五 征和二年七月辛巳,侯賀坐太子事,國除〔三八〕。

1	2	3	4	5	6	7	8
					元年。		
隆慮【索隱】隆盧。音林間。縣名，屬河內。	以長公主嫖子侯，户四千一百二十六。				五 中五年五月丁丑，侯蟜元年。【集解】徐廣曰：「案本紀乃前五年，非中五年。」	二十四 元鼎元年，侯蟜坐母長公主薨未除服，姦，禽獸行，當死，自殺，國除。	
乘氏【索隱】縣名，屬濟陰。	以梁孝王子侯。				一〔三九〕 中五年五月丁卯，侯買元年。 中六年，侯買嗣為梁王，國除。		

國名	侯功	孝惠	高后	孝文	孝景	建元至元封	太初已後
桓邑	以梁孝王子侯。				一 中五年五月丁卯，侯明元年。中六年，爲濟川王，國除。		
蓋 索隱 漢表在勃海。	以孝景后兄侯，户二千八百九十。				五 中五年五月甲戌，靖侯王信元年。	二十 元狩三年，侯偃元年。八 元鼎五年，侯偃坐酎金，國除。	
塞	以御史大夫前將兵擊吴楚功侯〔四〇〕，户千四十六。				三 後元年八月，侯直不疑元年。	三 十二 建元四 元朔四年，侯堅元年。十三	

國名	侯功	孝惠	高后	孝文	孝景	建元至元封六年	太初以後
						年，侯相如元年。元鼎五年，堅坐酎金，國除。	
武安[索隱]縣名，屬魏郡。	以孝景后同母弟侯，户八千二百一十四。				一 後三年三月，侯田蚡元年。	九 元光四年，侯梧元年。〔四二〕 五 元朔三年，侯梧坐衣襜褕入宮廷中，不敬，國除。	
周陽[索隱]	以孝景后同母弟侯，户六千二				一 後三年三月，懿	十二 元光六年，侯 八	

	縣名，屬上郡。
	十六。
右孝景時三十〔四二〕	
	侯田勝元年。
	彭祖元年。元狩二年，侯彭祖坐當歸與章侯宅不與罪，國除。

【索隱述贊】惠景之際，天下已平。諸呂構禍，吴楚連兵。條侯出討，壯武奉迎。薄竇恩澤，張趙忠貞。本枝分蔭，肺腑歸誠。新市死事，建陵勳榮。咸開青社，俱受丹旌。旋窺甲令，吴便有聲。

校勘記

〔一〕柹府二音　「府」，疑當作「附」。耿本、黄本、彭本、柯本、凌本、殿本作「肺音柹腑音附」，可證。若作「府」，則下文「附，木皮也」突兀不可解。

〔二〕太初已後　此四字疑爲後人增竄。史記漢代諸表，皆以太初爲限，本表所載諸侯，太初時皆無變化，故標「建元至元封六年三十六」。

〔三〕二十八　張文虎札記卷二：「史、漢皆不得千秋元年，疑此三字亦後人所增。」按：張説是。表無千秋封年，漢書卷一六高惠高后文功臣表無千秋在位年數，是其證。

〔四〕朱倉　疑當作「來倉」。按：通鑑卷四一漢紀三三光武帝建武三年「來歙」胡三省注：「姓譜：郲，子姓，商之支孫，食采於郲，因以爲氏，後避難去邑。漢功臣表有軑侯來蒼。」卷一七七隋紀一文帝開皇十年「來護兒」胡三省注引姓苑同。長沙馬王堆二號漢墓出土印章作「利蒼」。「來」、「利」音近。今漢書卷一六高惠高后文功臣表作「黎朱蒼」，蓋一本作「黎」，一本作「來」，後人誤合之，又誤「來」爲「朱」耳。

〔五〕索隱一作洨縣名屬沛郡　耿本、黄本、殿本索隱作「縣名屬沛郡一作汶」。殿本史記考證：「『地理志沛郡有洨縣，無郊縣。則唐以前本作『洨』不誤也。呂后本紀作『交』，漢表作『汶』，皆係傳寫之失。」疑「一作洨」爲集解，今與索隱誤並爲一。

〔六〕十一月壬申　梁玉繩志疑卷一一：「前所封十侯皆在高后元年四月，沅陵居後，安得謂十一月壬申封？況是年十一月無壬申日也，當依漢表作『七月丙申』。」

〔七〕貞侯　原作「真侯」。張文虎札記卷二：「『真』字宋諱改，索隱本作『貞』。」按：漢書卷一六高惠高后文功臣表作「貞侯」。今據改。

〔八〕郎中　原作「郎吏」。梁玉繩志疑卷一二：「『吏』字誤，當依漢表作『郎中』。」今據改。

〔九〕度呂氏淮之功　梁玉繩志疑卷一二：「漢表『呂氏』作『呂后』，是。蓋時有寇難，得渡淮以免也。」

〔一〇〕以連敖　梁玉繩志疑卷一二：「『以』字上當依漢表增『父嬰』二字。」王叔岷斠證：「下文言『嬰死，子它襲功』，則此『以連敖從』自是就嬰而言，『以』上不必增『父嬰』二字。漢表於此上增『父嬰』二字，下文僅言『死事，子侯』，『死』上遂不著嬰之名矣。」按：「以」上疑脱「嬰」或「呂嬰」。表云：襄平侯「兵初起，紀成以將軍從擊破秦，入漢，定三秦，功比平定侯。戰好畤，死事。子通襲成功，侯」；高京侯「苛以御史大夫死事，子成爲後」；高梁侯「食其兵起以客從擊破秦，以列侯入漢，還定諸侯，常使約和諸侯，列卒兵聚，侯，功比平侯嘉。以死事，子疥襲食其功」。皆其比。

〔一一〕屯霸上　「屯」下原有「田」字，據景祐本、紹興本、耿本、黄本、彭本、柯本、凌本、殿本删。按：漢書卷一八外戚恩澤侯表亦無「田」字。

〔一二〕用長沙相侯　「用」字原無。梁玉繩志疑卷一二：「『長沙』上當有『用』字，漢表有，此缺。」按：上滕侯云「用楚相侯」，與此同例。今據補。

〔一三〕漢書在琅邪　「在」，原作「作」，據索隱本改。按：本書卷二一建元已來王子侯者年表「祝茲」索隱：「表在琅邪。」又，「書」，疑當作「表」。參見下條。

〔一四〕漢表在東海　「在」，原作「作」，據耿本、黄本、彭本、柯本、凌本、殿本改。

〔一五〕侯劉揭　索隱本此上有「夷」字，與漢書卷一六高惠高后文功臣表合。疑此脱。

〔一六〕高祖十年爲郎　「十年」，漢書卷一八外戚恩澤侯表作「七年」。梁玉繩志疑卷一二：「以十七歲計之，則宜作『高祖十一年』，此缺『一』字。」按：梁説是。「十」、「七」當爲「十一」之譌。

〔一七〕元年二月乙巳　「二月」，景祐本、紹興本、耿本、黄本、彭本、柯本、凌本、殿本作「四月」。漢書卷一八外戚恩澤侯表作「正月」。

〔一八〕從之滎陽　殿本史記考證：「漢表無『之』字，以文義推測，此『之』字當是『守』字。」按：作「之」亦通，姑仍其舊。

〔一九〕鄔太原縣　「縣」上原有「齊」字，據耿本、黄本、彭本、柯本、凌本、殿本删。按：漢書卷二八上地理志上鄔縣在太原郡。

〔二〇〕以睢陽令高祖初起從阿　梁玉繩志疑卷一二：「史詮曰『從』字當在『高』上。」按：梁説不確。漢書卷一六高惠高后文功臣表作「以睢陽令高祖初從阿」。史表多有起從某地之例。

〔二一〕管　梁玉繩志疑卷一二：「水經卷八『濟水又東北過菅縣南』，道元注引此侯爲據，是知『管』當作『菅』，縣屬濟南。古艸、竹通寫，故譌。」陳直史記新證：「齊魯封泥集存十四頁有『菅侯相印』封泥，與本表正合。」

〔二二〕瓜丘　耿本、索隱本作「斥丘」。按：漢書卷二八上地理志上魏郡：「斥丘，莽曰利丘。」顏師古注：「闞駰云地多斥鹵，故曰斥丘。」

〔二三〕齊悼惠王子侯　「侯」字原無，據景祐本、紹興本、耿本、黄本、彭本、柯本、凌本、殿本補。按：依表例當有「侯」字。

〔二四〕十六年侯將廬爲齊王有罪國除　索隱本「楊虚共侯劉將廬」後有「楊虚共侯劉平」，索隱：「漢志闕。齊悼惠王子也。」漢書卷一五上王子侯表上楊虚前有「楊丘共侯安」，云「齊悼惠王子。（孝文四年）五月甲寅封，十二年薨。十六年，侯偃嗣，十一年，孝景四年，坐出國界，耐爲司寇」。張文虎札記卷二：「今本遂以劉平之謚及其子偃之失國并屬將廬，而失楊丘一國及劉平二代，實傳寫脱誤。」惠景閒侯者年表謂孝文時所封二十九人，表文載陽信、軹、壯武、清都、周陽、樊、管、瓜丘、營、楊虚、朸、安都、平昌、武城、白石、波陵、南鄭、阜陵、安陽、陽周、東城、犂、缾、弓高、襄成、故安、章武、南皮二十八侯。梁玉繩志疑卷一二：「孝文共封二十九侯，而表中止二十八者，因脱誤楊丘一侯也。」

〔二五〕漢表作泝　「表」，原作「志」，據耿本、黄本、彭本、柯本、凌本、殿本改。按：漢書卷一六高惠高后文功臣表作「泝」。

〔二六〕恭侯蔑　景祐本、紹興本、黄本、彭本、柯本、凌本、殿本無「蔑」字，漢書卷一六高惠高后文功臣表云「侯共嗣」。

〔二七〕常坐　疑當作「常生」。按：漢書卷一八外戚恩澤表：「元光三年，侯常生嗣。」下文「侯常坐謀殺人未殺罪」疑脱一「生」字。

〔二八〕四月乙巳　梁玉繩志疑卷一二：「富之更封與封劉禮爲楚王同時，在三年六月乙亥，此誤。」按：梁説是。紅侯當與前休侯合而爲一，今分爲二，中隔沈猶，當是錯簡。若以休、紅爲二，則紅侯以孝景三年封，不合置宛朐之前也。

〔二九〕侯布薨　漢書卷一七景武昭宣元成功臣表：「中六年，侯賁嗣，二十二年，元狩六年，坐爲太常雍犧牲不如令，免。」本書卷一〇〇欒布列傳：「景帝中五年薨。子賁嗣，爲太常，犧牲不如令，國除。」侯賁以景帝中六年嗣，此失書。景帝時在位年數「四」，武帝時在位之年當作「二十三」。

〔三〇〕建元三年侯明元年　張文虎札記卷二：「漢表孝景中二年，懿侯盧嗣，八年薨。孝武建元二年，侯朋嗣，十六年薨。是盧薨於建元元年，上距孝景中二年則九年矣。史表盧以孝景中三年嗣，明以建元三年嗣，則亦九年矣。皆與盧嗣八年之數不合。蓋漢表之『中二年』，當從史作『三年』，史表之『建元三年』，當從漢作『二年』。自孝景中三年盡建元元年，盧在位之八年也。自建元二年盡元朔五年，明在位之十六年也。數目字積畫易淆，大率如此。明、朋亦形近而亂。」

〔三一〕趙内史王慎　「慎」，漢書卷一七景武昭宣元成功臣表作「悍」，本書卷五〇楚元王世家同。

殿本史記考證：「此表作『王慎』，又云『慎不聽』，二『慎』字皆『悍』字之訛。」

〔三二〕王康　梁玉繩志疑卷一一：「漢表侯名棄之，則當云『康侯棄之元年』，蓋漢表失書謚，史表失書名，而又誤以謚作名也。」

〔三三〕後元年四月甲辰侯則坐使巫齊少君祠祝詛上大逆無道國除　「上」字原無，據景祐本、紹興本、耿本、黄本、彭本、柯本、凌本、殿本補。按：漢書卷一七景武昭宣元成功臣表有「上」字。梁玉繩志疑卷一一：「史迄太初，何得書武帝後元時事？此後人妄增。」

〔三四〕侯唯徐盧元年　「唯」，景祐本、紹興本、凌本、殿本作「攜」。按：漢書卷一七景武昭宣元成功臣表云「容城攜侯徐盧」。

〔三五〕十八後二年三月壬辰侯光坐祠祝詛國除　此十七字當爲後人增竄。

〔三六〕以匈奴王降侯　梁玉繩志疑卷一一：「漢表云『千一百十户』，此缺。」

〔三七〕它父　梁玉繩志疑卷一一：「本傳及漢表作『它之』，則此作『父』與漢本傳作『人』俱誤也。攷景紀正義引此表作『它之』，知傳寫訛。」

〔三八〕十五征和二年七月辛巳侯賀坐太子事國除　此十八字當爲後人增竄。

〔三九〕一　「一」字原無，據景祐本、紹興本、耿本、黄本、柯本、凌本、殿本、會注本補。

〔四〇〕以御史大夫前將兵擊吴楚功侯　「將」下原有「軍」字。梁玉繩志疑卷一一：「『軍』字衍。」按：漢書卷一七景武昭宣元成功臣表云「以御史大夫侯，前有將兵擊吴、楚功」，本書卷一〇三萬石張叔列傳云「吳、楚反時，不疑以二千石將兵擊之」。今據刪。

〔四二〕侯梧元年　「梧」，疑當作「恬」。按：本書卷一〇七魏其武安侯列傳「子恬嗣」集解引侯表曰：「元光四年侯恬之元年。」漢書卷一八外戚恩澤侯表亦作「恬」。

〔四三〕右孝景時三十　「三十」，原作「三十一」。梁玉繩志疑卷一二：「表中止三十人而此言『三十一』者，誤以休改紅並列也。」張文虎札記卷二：「此『一』字疑亦後人所增。」按：梁、張之説是也。休、紅二侯當合爲一。若分爲二，則紅侯以孝景三年封，不得置於宛朐之前。今據刪。

史記卷二十

建元以來侯者年表第八

索隱七十二國，太史公舊；餘四十五國，褚先生補也。

太史公曰：匈奴絶和親，攻當路塞；閩越擅伐，東甌請降。二夷交侵，當盛漢之隆，以此知功臣受封侔於祖考矣。何者？自詩書稱三代「戎狄是膺，荆荼是徵」，〔一〕齊桓越燕伐山戎，武靈王以區區趙服單于，秦繆用百里霸西戎，吳楚之君以諸侯役百越。況乃以中國一統，明天子在上，兼文武，席卷四海，内輯億萬之衆，豈以晏然不爲邊境征伐哉！自是後，遂出師北討彊胡，南誅勁越，將卒以次封矣〔二〕。

〔一〕集解毛詩傳曰：「膺，當也。」鄭玄曰：「徵，艾。」索隱荼音舒。徵音澄。

國名	侯功	元光	元朔	元狩	元鼎	元封	太初已後〔二〕

翕 【索隱】音吸。案：漢表在內黃也。	匈奴相降侯。元朔二年，屬車騎將軍，擊匈奴有功，益封。	三 四年七月壬午，侯趙信元年。	五 六年，侯信爲前將軍擊匈奴，遇單于兵，敗，信降匈奴，國除。				
持裝〔三〕 【索隱】漢表作「轅」，在南陽也。	匈奴都尉降侯。	二〔四〕 六年後九月丙寅，侯樂元年。【索隱】音岳。	六	六	元年，侯樂死，無後，國除。		
親陽 【索隱】漢表在舞陰也〔五〕。	匈奴相降侯。		三 二年十月癸巳， 五年，侯月氏坐				

			侯月氏元年。亡斬，國除。				
若陽 索隱表在平氏也。	匈奴相降，侯。		三 二年十月癸巳，侯猛元年。五年，侯猛坐亡斬，國除。				
長平 索隱地理志縣名，在汝南。	以元朔二年再以車騎將軍擊匈奴，取朔方、河南，功侯。元朔五年，以大將軍擊匈奴，破右賢王，益封三千户。		五 二年三月丙辰，烈侯衛青元年。集解徐廣曰：「青以元封五年薨。」	六	六	六	太初元年，〔六〕今侯伉元年。

平陵 索隱表在武當。	以都尉從車騎將軍青擊匈奴，功侯。以元朔五年，用遊擊將軍從大將軍益封。		五 二年三月丙辰，侯蘇建元年。	六	六 六年，侯建爲右將軍，與翕侯信俱敗，獨身脫來歸，當斬，贖，國除〔七〕。		
岸頭 索隱表在皮氏。	以都尉從車騎將軍青擊匈奴，功侯。元朔六年，從大將軍益封。		五 二年六月壬辰，侯張次公元年。	元年，次公坐與淮南王女陵姦〔八〕，及受財物罪，國除。			
平津 索隱表在高城。	以丞相詔所褒侯。		四 三年十一月乙丑〔九〕，獻侯公孫弘元年。	二 四 三年，侯度元年〔一〇〕。	六	三 四年，侯度坐爲山陽太守有罪，國除。	

涉安	昌武
	索隱表在武陽。
以匈奴單于太子降，侯。	以匈奴王降侯。以昌武侯從驃騎將軍擊左賢王功，益封。
一 三年四月丙子，侯於單索隱音丹。元年。五月卒，無後，國除。	三 四年七月庚申〔二〕，堅侯趙安稽元年。
	六
	六
	一 二年，侯充國元年。 五
	太初元年，侯充國薨，亡後，國除。

襄城 索隱漢表作「襄武侯乘龍」不同也。案：韓嬰亦封襄城侯，地理志襄城在潁川，襄武在隴西也。	以匈奴相國降，侯。		三 四年七月庚申，侯無龍元年。集解一云「乘龍」。	六	六	六	一 太初二年，無龍從浞野侯戰死。 二 三年，侯病已元年。
南奅 集解徐廣曰：「匹孝反。」索隱徐廣曰：「匹	以騎將軍從大將軍青擊匈奴得王，功侯。太初二年，以丞相封為葛繹侯。		二 五年四月丁未，侯公孫賀元年。	六	四 五年，賀坐酎金，國除，絕，十歲〔三〕。		十三〔一三〕 太初二年三月丁卯，封葛繹侯。征和二年，賀子敬聲

孝反。」劉氏「普教反」。張揖「奅空也」，纂文云「奅，虛大也」。茂陵中書云「南奅侯」，此本字也。衞青傳作「窌」。說文以爲從穴，音柳宥反；從大，音疋孝反。

合騎

以護軍都尉三

二

一

有罪，國除[一四]。

國名	侯功	元光	元朔	元狩	元鼎	元封	太初已後
【索隱】表在高城也。	從大將軍擊匈奴，至右賢王庭，得王，功侯。元朔六年益封。		五年四月丁未，侯公孫敖元年。	二年，侯敖將兵擊匈奴，與驃騎將軍期，後，畏懦，當斬，贖爲庶人，國除。			
樂安【索隱】安樂表在昌，地理志昌縣在琅邪也。	以輕車將軍再從大將軍青擊匈奴得王，功侯。		二 五年四月丁未，侯李蔡元年。	四 五年，侯蔡以丞相侵盜孝景園神道壖地罪〔一五〕，自殺，國除。			
龍頟【索隱】地理志縣名，	以都尉從大將軍青擊匈奴得王，功侯。元鼎六		二 五年四月丁未，侯韓説元年。	六	四 五年，侯説坐酎金，國絶。二	六 元年五月丁卯，案道侯説元年。	十三〔一六〕 征和二年，子長

屬平原。劉氏音額。崔浩音洛，又云：「今河閒有龍頟村，與弓高相近。」	年，以橫海將軍擊東越功爲案道侯。索隱 漢表以龍頟、案道爲二人封，非也。韋昭云案道屬齊也。		年。		歲復侯。		代，有罪，絶。子曾復封爲龍頟侯［一七］。
隨成 索隱 表在千乘。	以校尉三從大將軍青擊匈奴，攻農吾，先登石累，索隱 累音壘，險阻地名。漢表作「讋」，音門。得王，功侯。		五年四月乙卯，侯趙不虞元年。	二三 三年，侯不虞坐爲定襄都尉，匈奴敗太守，以聞非實，謾［一八］，國除。索隱 謂上聞天子狀不實，爲謾，而國除。謾音木干反。			

從平 索隱表在樂昌邑。	以校尉三從大將軍青擊匈奴，至右賢王庭，數爲鴈行上石山先登，功侯。		二 五年四月乙卯，公孫戎奴元年。	一 二年，侯戎奴坐爲上郡太守發兵擊匈奴，不以聞，謾，國除。			
涉軹 索隱漢表軹在西安，無「涉」字。地理志西安在齊郡。涉軹猶從驃然，皆當時意也，故上文有涉安侯。	以校尉三從大將軍青擊匈奴，〔二九〕至右賢王庭，得王，虜閼氏，功侯。		二 五年四月丁未，侯李朔元年。	元年，侯朔有罪，國除。			

國名	侯功						
宜春 [索隱]志縣名，屬汝南。豫章亦有之。	以父大將軍青破右賢王功侯。		二 五年四月丁未，侯衞伉元年。	六	元年，侯伉坐矯制不害，國除。		
陰安 [索隱]志縣名，屬魏郡[二〇]。	以父大將軍青破右賢王功侯。		二 五年四月丁未，侯衞不疑元年。	六	四 五年，侯不疑坐酎金，國除。		
發干 [索隱]志縣名，屬東郡。	以父大將軍青破右賢王功侯。		二 五年四月丁未，侯衞登元年。	六	四 五年，侯登坐酎金，國除。		
博望 [索隱]志	以校尉從大將軍六年擊匈奴，		一 六年三月甲	一 二年，侯騫坐			

縣名，屬南陽。	知水道，及前使絕域大夏〔三〕，功侯。		辰，侯張騫元年。	以將軍擊匈奴畏懦，當斬，贖，國除。			
冠軍 索隱 縣名，屬南陽。	以嫖姚校尉再從大將軍，六年從大將軍擊匈奴，斬相國，功侯。元狩二年，以驃騎將軍擊匈奴，至祁連，益封；迎渾邪王，益封；擊左右賢王，益封。		一 六年四月壬申，景桓侯霍去病元年。	六	六 元年，哀侯嬗元年。	元年，哀侯嬗薨，無後，國除。集解 徐廣曰：「嬗字子侯，爲武帝奉車。登封泰山暴病死。」	
衆利 索隱 衆利，表在姑	以上谷太守四從大將軍，六年擊匈奴，首虜千		一 六年五月壬辰，侯郝賢元年。	一 二年，侯賢坐爲上谷太守			

莫〔二二〕，後以封伊即軒也。〔二三〕	潦 索隱 表在舞陽。	宜冠 索隱 冠
級以上，功侯。	以匈奴趙王降，侯。	以校尉從驃騎將軍二年再出
索隱 郝音呼惡反，又音釋。元年。		
入戍卒財物上計謾罪，國除。	一 元年七月壬午，悼侯趙王煖訾元年。索隱 煖音況遠反。訾，即移反。 二年，煖訾死，無後，國除。	二 二年 四年，不

音官。表在昌也。	擊匈奴，功侯。故匈奴歸義。			正月乙亥，侯高不識元年。識擊匈奴，戰軍功增首不以實，當斬，贖罪，國除。			
煇渠 索隱 鄉名。案：表在魯陽。煇，上下並音徽。	以校尉從驃騎將軍二年再出擊匈奴得王，功侯。以校尉從驃騎將軍二年虜五王功，益封。故匈奴歸義。			五 二年二月乙丑，忠侯僕多 索隱 漢表作「僕朋」。此云「僕多」，與衛青傳同。元年。	三 四年，侯電元年。 三	六	四
從驃 索隱 以	以司馬再從驃騎將軍數深入			五 二年五月丁丑，	四 五年，侯破奴	浞野 四 三年，侯破奴元	一 二年，侯破

從驃騎得封，故曰從驃。後封浞野侯。	匈奴，得兩王子騎將，功侯。以匈河將軍元封三年擊樓蘭功，復侯。			侯趙破奴元年。	坐酎金，國除。	年。	奴以浚稽將軍擊匈奴，失軍，爲虜所得，國除。
下麾 [索隱]表在猗氏。麾音撝。	以匈奴王降，侯。			五 二年六月乙亥，侯呼毒尼元年。	四 五年，煬侯伊即軒元年。 二	六	四
漯陰 [索隱]表在平原。	以匈奴渾邪王將衆十萬降，侯，萬户。			四 二年七月壬午，定侯渾邪元年。	六 元年，魏侯蘇元年。[索隱]魏，謚；蘇，名。謚法「克捷行軍曰魏」也。	五 五年，魏侯蘇薨，無後，國除。	
煇渠	以匈奴王降，侯。			四	一		

索隱韋昭云：「僕多所封則作『煇渠』，應庀所封則作『渾渠』。二者皆鄉名，在魯陽。今並作『煇』，誤也。」案：漢表及傳亦作「煇」，孔文祥云：「同是元狩中封，則一邑分封二人也。」

三年七月壬午，悼侯扁訾元年。索隱漢表作「悼侯應庀」。庀讀必二反，扁必顯反，訾子移反。

二年，侯扁訾死，無後，國除。

國名	侯功						
其義爲得。							
河綦 索隱表在濟南郡。	以匈奴右王與渾邪降，侯。			四 三年七月壬午，康侯烏犂元年。索隱漢書作「禽犂」。	二 三年，餘利鞮元年。四	六	四
常樂 索隱表在濟南。	以匈奴大當户與渾邪降，侯。			四 三年七月壬午，肥侯稠雕索隱漢書衛青傳作「彫離」。元年。	六	六	二 太初三年，今侯廣漢元年。
符離 索隱縣名，屬沛郡。	以右北平太守從驃騎將軍四年擊右王〔二四〕，將重會期，索隱			三 四年六月丁卯，侯路博德元年。	六	六	太初元年，侯路博德有罪，國除。

	將重，將字上屬；重者，再也。會期，言再赴期。將，去聲；重，平聲。首虜二千七百人，功侯。						
壯[二五]【索隱】表在東平。[二六]	以匈奴歸義因淳王從驃騎將軍四年擊左王，[二七]以少破多，捕虜二千一百人，功侯。			三 四年六月丁卯，侯復陸支元年。	二 三年，今侯偃元年。 四	六	四
衆利【索隱】表、志闕。	以匈奴歸義樓剸王【索隱】剸音專。從驃騎將軍四年擊右王，[二八]手自劍合，功侯。			三 四年六月丁卯，質侯伊即軒元年。[二九]【索隱】軒，居言反。	六	五 六年，今侯當時元年。 一	四

國名	侯功	元光	元朔	元狩	元鼎	元封	太初
	【索隱】手自劍，謂手刺其王而合戰，封。						
湘成 【索隱】表在陽城。	以匈奴符離王降，侯。			三 四年六月丁卯，侯敞屠洛元年。	四 五年，侯敞屠洛坐酎金，國除。		
義陽 【索隱】表在平氏。	以北地都尉從驃騎將軍四年擊左王，得王，功侯。			三 四年六月丁卯，侯衛山元年。	六	六	四
散 【索隱】表在陽城。	以匈奴都尉降，侯。			三 四年六月丁卯，侯董荼吾 【索隱】劉氏荼音大姑反，蓋誤耳。今以其	六	六	二 太初三年，今侯安漢元年。 二

侯國	侯功						
				人名余吾，余吾，匈奴水名也。元年。			
臧馬 索隱表在朱虛。	以匈奴王降，侯。			一 四年六月丁卯，康侯延年元年。 五年，侯延年死，不得置後，國除。			
周子南君 索隱表在長社。	以周後紹封。				四年十一月丁卯，侯姬嘉元年。 三	三 四年，君買元年。 三	四
欒通 索隱韋	以方術侯。				一 四年四 五年，		

國名	侯功				年		
昭云：「在臨淮高平。」					月乙巳，侯五利將軍欒大元年。侯大有罪，斬，國除。		
瞭[索隱]音遼。表在舞陽。	以匈奴歸義王降侯。				一 四年六月丙午，侯次公元年。五年，侯次公坐酎金，國除。		
術陽[索隱]述陽，表在下邳。	以南越王兄越高昌侯。				一 四年，侯建德元年。五年，侯建德有罪，國除。		

國名	侯功	元光	元朔	元狩	元鼎	元封	太初
龍亢 索隱 晉灼云「龍，闕。」左傳「齊侯圍龍」，龍，魯邑。蕭該云「廣德所封止是龍」〔三〇〕，有『亢』者誤也。	以校尉摎樂擊南越〔三一〕，死事，子侯。索隱 摎，居虯反。				二 五年三月壬午，侯廣德元年。	六 六年，侯廣德有罪，誅，國除。	
成安 索隱 表在郟，志在陳留。	以校尉韓千秋擊南越死事，子侯。				二 五年三月壬子，〔三二〕侯延年元年。	六 六年，侯延年有罪，國除。	
昆 索隱 表	以屬國大且渠擊匈奴，功侯。				二 五年五月戊戌，	六	四

在鉅鹿。	騏【索隱】志屬河東，表在北屈。	梁期【索隱】志屬魏郡。	牧丘【索隱】表
	以屬國騎擊匈奴，捕單于兄，功侯。	以屬國都尉五年閒出擊匈奴，得復累絺縵等，功侯。	以丞相及先人萬石積德謹行
侯渠復累〔三三〕【索隱】樂彥累，力委反。顏師古音力追反。元年。	二 五年五月壬子〔三四〕，侯駒幾元年。【集解】一云「騎幾」。	二 五年七月辛巳，侯任破胡元年。	二 五年九月丁丑，
	六	六	六
	四	四	二 三年，侯德 二

在平原。	侯。				恪侯石慶元年〔三五〕。		元年。
瞭 〔索隱〕表在下邳〔三六〕。初以封次公，又封畢取。	以南越將降，侯。				一 六年三月乙酉，侯畢取元年。	六	四
將梁 〔索隱〕表、志闕。	以樓船將軍擊南越，椎鋒卻敵，侯。				一 六年三月乙酉，侯楊僕元年。	三 四年，侯僕有罪，國除。	
安道 〔索隱〕表在南陽。	以南越揭陽令聞漢兵至自定降，侯。				一 六年三月乙酉，侯揭陽令定元年〔三七〕。	六	四
隨桃	以南越蒼梧王				一	六	四

國名	侯功	元光	元朔	元狩	元鼎	元封	太初已後
索隱表在南陽。	聞漢兵至降，侯。				六年四月癸亥，侯趙光元年。		
湘成 索隱表在堵陽。	以南越桂林監聞漢兵破番禺，諭甌駱兵四十餘萬降，〔三八〕侯。				一 六年五月壬申，侯監居翁索隱監，官也。居，姓；翁，字。元年。	六	四
海常 索隱表在琅邪。	以伏波司馬捕得南越王建德，功侯。				一 六年七月乙酉，莊侯蘇弘元年。	六	太初元年，侯弘死，無後，國除。
北石 索隱漢表作「外石」，在濟南。	以故東越衍侯佐繇王斬餘善，功侯。					六 元年正月壬午，侯吳陽元年。	三 太初四年，今侯首元年。

下鄜 [索隱]漢表作「鄜」。	繚嫈 [索隱]繚音「繚繞」之「繚」，嫈，案字林音乙耕反。西南夷傳音聊嫈。
以故甌駱左將斬西于王，功侯。	以故校尉從橫海將軍說擊東越〔三九〕，功侯。
六 元年四月丁酉，侯左將黃同元年。[索隱]西南夷傳「甌駱將左黃同」，則「左」是姓，恐誤。漢表云「將黃同」，則「左將」是官不疑。	一 元年五月乙卯〔四〇〕，侯劉福元年。 二年，侯福有罪，國除。
四	

蘩兒 [索隱]韋昭云：「在吳越界，今爲鄉也。」	以軍卒斬東越徇北將軍功侯。					六 元年閏月癸卯，莊侯轅終古元年。[集解]徐廣曰：「閏四月也。」	太初元年，終古死，無後，國除。
開陵 [索隱]表在臨淮。	以故東越建成侯與繇王共斬東越王餘善，功侯。					六 元年閏月癸卯，侯建成元年。	
臨蔡 [索隱]表在河內。	以故南越郎聞漢兵破番禺，爲伏波得南越相呂嘉，功侯。					六 元年閏月癸卯，侯孫都元年〔四二〕。	
東成 [索隱]表	以故東越繇王斬東越王餘善，					六 元年閏月癸卯，	四〔四三〕

在九江。	功侯，萬户。					侯居服元年。	
無錫 索隱 表在會稽。	以東越將軍漢兵至弃軍降，侯。					六 元年，侯多軍元年。	四[四三]
涉都 索隱 涉多。表在南陽。	以父弃故南海守漢兵至以城邑降，子侯。					六 元年中，侯嘉元年。	二 太初二年，侯嘉薨，無後，國除。
平州 索隱 表在梁父。	以朝鮮將漢兵至降，侯。					一 三年四月丁卯，侯唊元年[四四]。 四年，侯唊薨，無後，國除。 集解 如淳曰：「唊	

國名	侯功	元光	元朔	元狩	元鼎	元封	太初
						音頻。」	
荻苴【索隱】音狄蛆。表在勃海。	以朝鮮相漢兵至圍之降，侯。					四 三年四月，侯朝鮮相韓陰元年。	四[四五]
澅清【索隱】表在齊。澅音獲，水名，在齊。又音乎卦反。	以朝鮮尼谿相使人殺其王右渠來降，侯。					四 三年六月丙辰，侯朝鮮尼谿相參元年[四六]。	四[四七]
騠茲【索隱】騠音啼。表在琅邪。	以小月氏若苴王【索隱】苴子餘反。將衆降，侯。					三 四年十一月丁卯，侯稽谷姑元年。【索隱】稽滑姑。	太初元年，侯稽谷姑薨，無後，國除。

浩 [索隱]表、志闕。	瓡讘 [集解]徐廣曰：「在河東。瓡音胡。讘之涉反。」[索隱]縣
以故中郎將將兵捕得車師王，功侯。	以小月氏王將衆千騎降，侯。
一 四年正月甲申，侯王恢元年。 四年四月，侯恢坐使酒泉矯制害，當死，贖，國除。凡三月。	二 四年正月乙酉，侯扜者元年。[索隱]扜音烏，亦音 一 六年，侯勝元年。
	四

名。案：表在河東，志亦同。即狐字。	幾 索隱 音機。表在河東。	涅陽 索隱 表在齊，志屬南陽。
	以朝鮮王子漢兵圍朝鮮降，侯。	以朝鮮相路人漢兵至首先降，道死，其子侯。
汙。元年。	二 四年三月癸未，侯張路 索隱 韋昭云：「路，姑洛反。」歸義元年。 六年，侯張路使朝鮮，謀反，死，國除。	三 四年三月壬寅，康侯子最元年〔四八〕。
		二 太初二年，侯最死，無後，國除。

右太史公本表

國名	侯功
當塗 索隱表在九江。	魏不害，以圉守尉捕淮陽反者公孫勇等侯。
蒲 索隱表在琅邪。	蘇昌，以圉尉史捕淮陽反者公孫勇等侯。
潦陽 索隱潦音遼。表在清河。	江德，以園廄嗇夫共捕淮陽反者公孫勇等侯。
富民 索隱表在蘄。	田千秋，家在長陵。以故高廟寢郎上書諫孝武曰：「子弄父兵，罪當笞。父子之怒，自古有之。蚩尤畔父，黃帝涉江。」上書至意，拜爲大鴻臚。征和四年爲丞相，封三千户。至昭帝時病死，子順代立，爲虎牙將軍，擊匈奴，不至質，誅死，國除。集解漢書音義曰：「質，所期處也。」

右孝武封國名

後進好事儒者褚先生曰：太史公記事盡於孝武之事，故復修記孝昭以來功臣侯者，編於左方，令後好事者得覽觀成敗長短絕世之適，得以自戒焉。當世之君子，行權合變，度時施宜，希世用事，以建功有土封侯，立名當世，豈不盛哉！觀其持滿守成之道，皆不謙讓，驕蹇爭權，喜揚聲譽，知進不知退，終以殺身滅國。以三得之，〔一〕及身失之，不能傳功於後世，令恩德流子孫，豈不悲哉！夫龍頟侯曾爲前將軍，世俗順善，厚重謹信，不與政事，退讓愛人。其先起於晉六卿之世。有土君國以來，爲王侯，子孫相承不絕，歷年經世，以至于今，凡八百餘歲〔四九〕，豈可與功臣及身失之者同日而語之哉？悲夫，後世其誡之！

〔一〕集解以三得之者，即上所謂「行權合變，度時施宜，希世用事」也。

博陸	霍光，家在平陽。以兄驃騎將軍故貴。前事武帝，覺捕得侍中謀反者馬何羅等功侯，三千戶。集解文穎曰：「博，廣；陸，平。取其嘉名，無此縣也。食邑北海、河東。」瓚曰：「漁陽有博陸城也。」中輔幼主昭帝，爲大將軍，謹信，用事擅治，尊爲大司馬，益封邑萬戶。後事宣帝，歷事三主，天下信鄉之，益封二萬戶。子禹代立，謀反，族滅，國除。
秺 集解漢	金翁叔名日磾，以匈奴休屠王太子從渾邪王將衆五萬，降漢歸義，侍中，事武帝，覺捕侍中謀反者馬何羅等功侯，三千戶。中事昭帝，謹厚，益封三千戶。子弘代立，爲奉車都尉，事宣帝。

書音義曰：「音妒。在濟陰成武，今有亭矣。」	
安陽 【索隱】表在蕩陰，志屬汝南。	上官桀，家在隴西。以善騎射從軍。稍貴，事武帝，爲左將軍。覺捕斬侍中謀反者馬何羅弟重合侯通功，侯三千户。中事昭帝，與大將軍霍光爭權，因以謀反，族滅，國除。
桑樂 【索隱】表在千乘。	上官安以父桀爲將軍故貴，侍中，事昭帝。安女爲昭帝夫人，立爲皇后故侯，三千户。驕蹇，與大將軍霍光爭權，因以父子謀反，族滅，國除。
富平 【索隱】志屬平原。	張安世，家在杜陵。以故御史大夫張湯子武帝時給事尚書，爲尚書令。事昭帝，謹厚習事，爲光祿勳右將軍。輔政十三年，無適過，侯三千户。及事宣帝，代霍光爲大司馬，用事，益封萬六千户。子延壽代立，爲太僕，侍中。
義陽	傅介子，家在北地。以從軍爲郎，爲平樂監。昭帝時，刺殺外國王，天子下詔書曰：「平樂監傅介子使外

【索隱】表在平氏。	國，殺樓蘭王，以直報怨，不煩師，有功，其以邑千三百户封介子爲義陽侯。」子厲代立，爭財相告，有罪，國除。
商利 【索隱】表在徐郡〔五〇〕。	王山，齊人也。故爲丞相史，會騎將軍上官安謀反，山說安與俱入丞相，斬安。山以軍功爲侯，三千户。上書願治民，爲代太守。爲人所上書言，繫獄當死，會赦，出爲庶人，國除。
建平 【索隱】表在濟陽。	杜延年，以故御史大夫杜周子給事大將軍幕府，發覺謀反者騎將軍上官安等罪，封爲侯，邑二千七百户，拜爲太僕。元年出爲西河太守。五鳳三年，入爲御史大夫。
弋陽 【索隱】志屬汝南。	任宮，以故上林尉捕格謀反者左將軍上官桀，殺之便門，封爲侯，二千户。後爲太常，及行衛尉事。節儉謹信，以壽終，傳於子孫。
宜城 【索隱】表在濟陰。	燕倉，以故大將軍幕府軍吏發謀反者騎將軍上官安罪，有功，封侯，邑二千户。爲汝南太守，有能名。

國名	事迹
宜春　索隱志屬汝南。	王訢，家在齊。本小吏佐史，稍遷至右輔都尉。武帝數幸扶風郡，訢共置辦，拜爲右扶風。至孝昭時，代桑弘羊爲御史大夫。元鳳三年，代田千秋爲丞相，封二千户。立二年，爲人所上書言暴，自殺，不殊。子代立，爲屬國都尉。
安平　索隱表在汝南，志屬涿郡。	楊敞，家在華陰。故給事大將軍幕府，稍遷至大司農，爲御史大夫。元鳳六年，代王訢爲丞相，封二千户。立二年，病死。子賁代立，十三年病死。子翁君代立，爲典屬國。三歲，以季父惲故出惡言，繫獄當死，得免，爲庶人，國除。

右孝昭時所封國名

國名	事迹
陽平　索隱志屬東郡。	蔡義，家在温。故師受韓詩，爲博士，給事大將軍幕府，爲杜城門候。入侍中，授昭帝韓詩，爲御史大夫。是時年八十，衰老，常兩人扶持乃能行。然公卿大臣議，以爲爲人主師，當以爲相。以元平元年代楊敞爲丞相，封二千户。病死，絶無後，國除。
扶陽　索隱志屬沛郡，表在蕭。	韋賢，家在魯。通詩、禮、尚書，爲博士，授魯大儒，入侍中，爲昭帝師，遷爲光禄大夫，大鴻臚，長信少府。以爲人主師，本始三年代蔡義爲丞相，封扶陽侯，千八百户。爲丞相五歲，多恩不習吏事，免相就第，病死。子玄成代，立爲太常。坐祠廟騎，奪爵，爲關内侯。

國名	事迹
平陵 索隱表在武當。	范明友，家在隴西。以家世習外國事，使護西羌。事昭帝，拜爲度遼將軍，擊烏桓功侯，二千户。取霍光女爲妻。地節四年，與諸霍子禹等謀反，族滅，國除。
營平 索隱表在濟南。	趙充國，以隴西騎士從軍得官，侍中，事武帝。數將兵擊匈奴有功，爲護軍都尉，侍中，事昭帝。昭帝崩，議立宣帝，決疑定策，以安宗廟功侯，封二千五百户。
陽成 索隱表在濟陰，非也。且濟陰有城陽縣耳，而潁川、汝南又各有陽城縣，「城」字從「土」，在「陽」之下，	田延年，以軍吏事昭帝；發覺上官桀謀反事，後留遲不得封，爲大司農。本造廢昌邑王議立宣帝，決疑定策，以安宗廟功侯，二千七百户。逢昭帝崩，方上事並急，因以盜都內錢三千萬。集解漢書百官表曰：司農屬官有都內。發覺，自殺，國除。

今此似誤，不可分別也。	
平丘 【索隱】志屬陳留，表在肥城。	王遷，家在衞。【索隱】一作「衙」，音牙。地理志衙縣在馮翊。爲尚書郎，習刀筆之文。侍中，事昭帝。帝崩，立宣帝，決疑定策，以安宗廟功侯，二千户。爲光禄大夫，秩中二千石。坐受諸侯王金錢財，漏泄中事，誅死，國除。
樂成 【索隱】表在平氏，志屬南陽。	霍山。山者，大將軍光兄子也。光未死時上書曰：「臣兄驃騎將軍去病從軍有功，病死，賜謚景桓侯，絕無後，臣光願以所封東武陽邑三千五百户分與山。」天子許之，拜山爲侯。後坐謀反，族滅，國除。
冠軍 【索隱】志屬南陽。	霍雲。以大將軍兄驃騎將軍適孫爲侯。地節三年，天子下詔書曰：「驃騎將軍去病擊匈奴有功，封爲冠軍侯。薨卒，子侯代立，病死無後。春秋之義，善善及子孫，其以邑三千户封雲爲冠軍侯。」後坐謀反，族滅，國除。
平恩 【索隱】志	許廣漢，家昌邑。坐事下蠶室，獨有一女，嫁之。宣帝未立時，〔五二〕素與廣漢出入相通，卜相者言當大貴，以故廣漢施恩甚厚。地節三年，封爲侯，邑三千户。病死無後，國除。

屬魏郡。	
昌水 〔索隱〕表在於陵。	田廣明，故郎，爲司馬，稍遷至南郡都尉、淮陽太守、鴻臚、左馮翊。昭帝崩，議廢昌邑王，立宣帝，決疑定策，以安宗廟。本始三年，封爲侯，邑二千三百户。爲御史大夫，後爲祁連將軍，擊匈奴，軍不至質，當死，自殺，國除。
高平 〔索隱〕志屬臨淮。	魏相，家在濟陰。少學易，爲府卒史，以賢良舉爲茂陵令，遷河南太守。坐賊殺不辜，繫獄，當死，會赦，免爲庶人。有詔守茂陵令，爲楊州刺史，入爲諫議大夫，復爲河南太守，遷爲大司農、御史大夫。地節三年，譖毁韋賢，代爲丞相，封千五百户。病死，長子賓代立，坐祠廟失侯。
博望 〔索隱〕志屬南陽。	許中翁，〔集解〕名舜。以平恩侯許廣漢弟封爲侯，邑二千户。亦故有私恩，爲長樂衞尉。死，子延年代立。
樂平	許翁孫，以平恩侯許廣漢少弟故爲侯，封二千户。拜爲彊弩將軍，擊破西羌，還，更拜爲大司馬、光禄勳。亦故有私恩，故得封。嗜酒好色，以早病死。子湯代立。
將陵	史子回，〔集解〕名曾。以宣帝大母家封爲侯，二千六百户，與平臺侯昆弟行也。子回妻宜君，故成王孫，嫉妒，絞殺侍婢四十餘人，盜斷婦人初産子臂膝以爲媚道。爲人所上書言，論弃市。子回以外家故不失侯。

國名	侯功
平臺 〔索隱〕志屬常山。	史子叔，〔集解〕名玄。以宣帝大母家封爲侯，二千五百户。衞太子時，史氏内一女於太子，嫁一女魯王，今見魯王亦史氏外孫也。外家有親，以故貴，數得賞賜。
樂陵 〔索隱〕志屬臨淮。平原亦有樂陵。	史子長，〔集解〕名高。以宣帝大母家貴，侍中，重厚忠信。以發覺霍氏謀反事，封三千五百户。
博成 〔索隱〕表在臨淮。	張章，父故潁川人，爲長安亭長。失官，之北闕上書，寄宿霍氏第舍，卧馬櫪閒，夜聞養馬奴相與語，言諸霍氏子孫欲謀反狀，因上書告反，爲侯，封三千户。
都成 〔索隱〕志屬潁川。	金安上，先故匈奴。以發覺故大將軍霍光子禹等謀反事有功，封侯，二千八百户。安上者，奉車都尉秺侯從羣子。行謹善，退讓以自持，欲傳功德於子孫。
平通 〔索隱〕表	楊惲，家在華陰，故丞相楊敞少子，任爲郎。好士，自喜知人，居衆人中常與人顏色，以故高昌侯董忠引與屏語，言霍氏謀反狀，共發覺告反，侯，二千户，爲光禄勳。到五鳳四年，作爲妖言，大逆罪腰斬，國除。

國名	侯功
在博陽。	
高昌 索隱 志屬千乘。	董忠，父故潁川陽翟人，以習書詣長安。忠有材力，能騎射，用短兵，給事期門。集解 漢書東方朔傳曰：「武帝微行出，與侍中常侍武騎及待詔隴西北地良家子能騎射者期諸殿門，故有『期門』之號。」與張章相習知，章告語忠霍禹謀反狀，忠以語常侍騎郎楊惲，共發覺告反，侯，二千户。今爲梟騎都尉，侍中，坐祠宗廟乘小車，奪百户。
爰戚	趙成，索隱 漢表作「趙長平」。用發覺楚國事侯，二千三百户。地節元年，楚王與廣陵王謀反，成發覺反狀，天子推恩廣德義，下詔書曰「無治廣陵王」，廣陵王不變更。〔五二〕後復坐祝詛滅國，自殺，國除。今帝復立子爲廣陵王。
酇	地節三年，天子下詔書曰：「朕聞漢之興，相國蕭何功第一，今絶無後，朕甚憐之，其以邑三千户封蕭何玄孫建世爲酇侯。」
平昌	王長君，集解 名無故。家在趙國，常山廣望邑人也。衞太子時，嫁太子家，爲太子男史皇孫爲配，生子男，絶不聞聲問，行且四十餘歲，至今元康元年中，詔徵，立以爲侯，封五千户。宣帝舅父也。
樂昌 索隱 表在汝南。	王稚君，集解 名武。家在趙國，常山廣望邑人也。以宣帝舅父外家封爲侯，邑五千户。平昌侯王長君弟也。

邛成 【索隱】表在濟陰。	王奉光，家在房陵。以女立爲宣帝皇后，故封千五百户。言奉光初生時，夜見光其上，傳聞者以爲當貴云。後果以女故爲侯。
安遠 【索隱】表在慎。	鄭吉，家在會稽。以卒伍起從軍爲郎，使護將弛刑士田渠梨。會匈奴單于死，國亂，相攻，日逐王將衆來降漢，先使語吉，吉將吏卒數百人往迎之。衆頗有欲還者，因斬殺其渠率〔五三〕，遂與俱入漢。以軍功侯，二千户。
博陽 【索隱】表在南頓。	邴吉，家在魯。本以治獄爲御史屬，給事大將軍幕府。常施舊恩宣帝，遷爲御史大夫，封侯，二千户。神爵二年，代魏相爲丞相。立五歲，病死。子翁孟代立，爲將軍侍中。甘露元年，坐祠宗廟不乘大車而騎至廟門，有罪，奪爵，爲關内侯。
建成 【索隱】表在沛。	黄霸，家在陽夏，以役使徙雲陽。以廉吏爲河内守丞，遷爲廷尉監，行丞相長史事。坐見知夏侯勝非詔書大不敬罪，久繫獄三歲，從勝學尚書。會赦，以賢良舉爲揚州刺史，潁川太守。善化，男女異路，耕者讓畔，賜黄金百斤，秩中二千石。居潁川，入爲太子太傅，遷御史大夫。五鳳三年，代邴吉爲丞相。封千八百户。
西平 【索隱】表在臨淮。	于定國，家在東海。本以治獄給事爲廷尉史，稍遷御史中丞。上書諫昌邑王，遷爲光禄大夫，爲廷尉。乃師受春秋，變道行化，謹厚愛人。遷爲御史大夫，代黄霸爲丞相。

右孝宣時所封

陽平 索隱表在東郡。	王稚君，集解名傑。索隱漢表名禁。家在魏郡。故丞相史。女爲太子妃。太子立爲帝，女爲皇后，故侯，千二百户。初元以來，方盛貴用事，游宦求官於京師者多得其力，未聞其有知略廣宣於國家也。

【索隱述贊】孝武之代，天下多虞。南討甌越，北擊單于。長平鞠旅，冠軍前驅。術陽銜璧，臨蔡破禺。博陸上宰，平津巨儒。金章且佩，紫綬行紆。昭帝已後，勳寵不殊。惜哉絶筆，褚氏補諸。

校勘記

〔一〕將卒　王念孫雜志史記第二：「當爲『將率』。率即帥字也。」

〔二〕太初已後　梁玉繩志疑卷一三：「『已後』二字衍，後人增入。」按：梁説是。表中太初在位諸侯多稱「今侯」，太初格標「四」字，皆其明證。

〔三〕持裝　漢書卷一七景武昭宣元成功臣表作「特轅」。陳直史記新證：「持裝當爲持袁之誤，因史記臨轅侯虎符作臨袁侯，轅固生亦作袁固生也。」

〔四〕一　「一」字原無，據景祐本、紹興本、耿本、黄本、彭本、柯本、凌本、殿本補。

〔五〕漢表在舞陰也　「舞陰」，原作「舞陽」。王念孫雜志漢書第三：「親與溵同。説文、地理志、水經竝言溵水出南陽舞陰。此侯所封，在溵水之北，舞水之南，故曰溵陽侯，而其地則屬於舞陰也。舞陰與溵水皆在舞水之南，而舞陽乃在舞水之北，則溵陽之不屬舞陽審矣。」今據改。

〔六〕太初元年　「太初」二字疑衍。下同。

〔七〕六　六　六年侯建爲右將軍與翕侯信俱敗獨身脱來歸當斬贖國除　梁玉繩志疑卷一三：「建敗在元朔六年，則『六年侯建』二十四字當移入元朔格内，而衍兩『六』字。若依此表，是建爲侯至元鼎六年矣，豈非大誤。」按：梁説是。漢書卷一七景武昭宣元成功臣表：「（元朔二年）三月丙辰封，六年，坐爲前將軍與翕侯信俱敗，獨身脱來歸，當斬，贖罪，免。」景祐本、紹興本、耿本正文已誤作「元鼎六年」，後人因移入元鼎格，又據表例删「元鼎」二字。

〔八〕坐與淮南王女陵姦　「陵」字原無，據景祐本、紹興本、耿本、黄本、彭本、柯本、凌本、殿本補。按：本書卷一二二酷吏列傳「爲岸頭侯」集解引徐廣曰：「受封五年，與淮南王女淩姦及受財物，國除。」卷一八高祖功臣侯者年表云安平侯但「坐與淮南王女陵通」，文亦相類。

〔九〕三年十一月乙丑　張文虎札記卷二：「當依將相表、漢百官表作『五年』。」按：漢書卷一八外戚恩澤侯表同史表，且下涉安侯以三年四月封，昌武、襄城侯皆以四年七月封，若平津之封在五年，安得列三侯之前？此殆非傳寫之誤。

〔一〇〕侯度元年　「度」，原作「慶」，據索隱本改。下同。按：漢書卷一八外戚恩澤侯表云「侯度嗣」。本書卷一一二平津侯主父列傳：「子度嗣爲平津侯。度爲山陽太守十餘歲，坐法失侯。」

〔一一〕四年七月庚申　梁玉繩志疑卷一三：「元朔四年七月壬戌朔，無庚申，必是『十月』之誤。史、漢於昌武、襄城二侯並誤作『七月』也。」按：史記各本皆同，且與漢書卷一七景武昭宣元成功臣表合，未可輕改。縱使史、漢二表皆誤，亦未必爲「十月」之誤也。下襄城同。

〔一二〕絶十歲　梁玉繩志疑卷一三：「『十』乃『七』之誤。賀以元鼎五年免，太初二年復封，是絶七歲。」

〔一三〕十三　梁玉繩志疑卷一三：「『十』字衍。」按：梁説是。葛繹侯太初時在位，當稱「今侯」。參見下條。

〔一四〕征和二年賀子敬聲有罪國除　梁玉繩志疑卷一三：「『征和』已下十二字，後人妄續。」

〔一五〕侵盜孝景園神道壖地　「侵」字原無，據景祐本、紹興本、耿本、黄本、彭本、柯本、凌本、殿本補。按：漢書卷一七景武昭宣元成功臣表作「侵賣園陵道壖地」，本書卷一八高祖功臣侯者年表云「侵神道壖」。

〔一六〕十三　梁玉繩志疑卷一三：「當作『四』，後人妄改爲『十三』。」按：梁説是。侯説太初時在位四年。

〔一七〕征和二年子長代有罪絶子曾復封爲龍頟侯　梁玉繩志疑卷一三：「十八字後人妄續，與韓信傳同，當删之。」

〔一八〕謾　此上原有「坐」字。張文虎札記卷二：「上文已有『坐爲』云云，則此『坐』字衍。」按：漢書卷一七景武昭宣元成功臣表無「坐」字。今據删。

〔一九〕大將軍青　「青」字原無，據景祐本、紹興本、耿本、黄本、彭本、柯本、凌本、殿本補。

〔二〇〕屬魏郡　「郡」字原無，據耿本、黄本、彭本、索隱本、柯本、凌本、殿本補。

〔二一〕使絶域　景祐本、紹興本、耿本、黄本、彭本、柯本作「使絶國」。按：漢書卷一七景武昭宣元成功臣表、本書卷一一一衛將軍驃騎列傳並作「使絶國」。

〔二二〕姑莫　此上原有「陽城」二字。漢書卷一七景武昭宣元成功臣表作「姑莫」，無「陽城」二字。通鑑卷一九漢紀十一武帝元朔六年「封賢爲衆利侯」胡三省注：「功臣表衆利侯食邑於琅邪郡姑幕縣。」今據删。

〔二三〕伊即軒　「軒」，疑當作「靬」。參見本卷校記〔二九〕。

〔二四〕擊右王　「右」，疑當作「左」。施之勉訂補：「漢表『右』作『左』，是。」本書卷一一〇匈奴列傳云漢驃騎將軍之出代二千餘里，與左賢王接戰，左賢王將皆遁走。卷一一一衛將軍驃騎列傳云驃騎將軍出代、右北平千餘里，直左方兵。本表下壯侯、義陽侯皆云「擊左王」。

〔二五〕壯　漢書卷一七景武昭宣元成功臣表作「杜」，疑是。按：漢書卷五五霍去病傳云「封復陸支爲杜侯」。漢書卷八宣帝紀「杜侯屠耆堂」顏師古注引蘇林曰：「姓復陸。其祖父復陸支本匈奴胡也，歸義爲屬國王，從驃騎有功，乃更封也。」

〔二六〕表在東平　梁玉繩志疑卷一三：「漢表云在重平，則勃海重平縣之鄉名。索隱言『表在東平』，誤。」

〔二七〕歸義因淳王　「歸義」下原有「匈奴」二字。梁玉繩志疑卷一三：「史詮曰：因上衍『匈奴』二字。」按：漢書卷一七景武昭宣元成功臣表無「匈奴」二字，本書卷一一一衞將軍驃騎列傳云「故歸義因淳王復陸支」。下欄衆利侯侯功格云「匈奴歸義樓剸王」，文例同。今據删。

〔二八〕擊右王　「右」，疑當作「左」。漢書卷一七景武昭宣元成功臣表作「擊左王」。參見本卷校記〔二四〕。

〔二九〕伊即軒　殿本史記考證：「（臣召南）按：驃騎傳作『伊即靬』是也。」梁玉繩志疑卷一三：「史、漢列傳『軒』作『靬』。」張文虎札記卷二：「師古、小司馬並音居言反，則『軒』乃『靬』之誤。」

〔三〇〕廣德所封止是龍　「止」，原作「土」，據耿本、黄本、彭本、索隱本、柯本、凌本、殿本改。

〔三一〕摎樂　原作「摎世樂」。錢大昕考異卷二：「南越傳作『樛樂』，無『世』字，漢書同。」按：漢書卷一七景武昭宣元成功臣表亦無「世」字。今據删。

〔三二〕五年三月壬子　梁玉繩志疑卷一三：「漢表成安與龍亢並以三月壬午日封，此作『壬子』，誤，是年三月無壬子也。」

〔三三〕侯渠復累　此上原有「昆」字。梁玉繩志疑卷一三：「『昆』字衍。」按：依表例，「昆」字當衍，今據删。

〔三四〕五年五月壬子　梁玉繩志疑卷一三：「元鼎五年五月無壬子，當在六月。」按：未必是月誤。

〔三五〕恪侯石慶元年　「恪」，漢書卷一八外戚恩澤侯表作「恬」。梁玉繩志疑卷一三：「據傳及漢書，『恪』乃『恬』之誤。」按：通鑑卷二一漢紀十三武帝太初二年：「春正月戊申，牧丘恬侯石慶薨。」胡三省注：「沈約曰：恬亦謚法所不載。」

〔三六〕表在下邳　「下邳」，漢書卷一七景武昭宣元成功臣表作「南陽」，疑是。按：漢書卷九五南粵傳：「粵將畢取以軍降，爲膫侯。」顔師古注：「越將姓畢名取也。功臣表膫屬南陽。」本書卷一一三南越列傳「皆得爲侯」索隱引韋昭云：「隨桃、安道、膫三縣皆屬南陽。」

〔三七〕侯揭陽令定元年　梁玉繩志疑卷一三：「『定』上缺『史』字。」按：此書「侯揭陽令定元年」，當是失其姓氏，否則例當直書「侯史定元年」。本書卷一一三南越列傳「及越揭陽令定自定屬漢」，漢書卷一七景武昭宣元成功臣表云「安道侯揭陽定」，皆未言其姓。

〔三八〕兵四十餘萬　「兵」，漢書卷一七景武昭宣元成功臣表作「民」，疑是。按：漢書卷九五南粵傳：「諭告甌駱四十餘萬口降，爲湘城侯。」

〔三九〕以故校尉　漢書卷一七景武昭宣元成功臣表無「故」字，疑此衍。按：本書卷一一四東越列傳：「封横海校尉福爲繚嫈侯。福者，成陽共王子，故爲海常侯，坐法失侯。」

〔四〇〕元年五月乙卯　梁玉繩志疑卷一三：「元封元年五月丙寅朔，無乙卯，疑當作『己卯』。」按：元封元年五月丁卯朔，己卯爲五月十三日。

〔四一〕元年閏月癸卯侯孫都元年　梁玉繩志疑卷一三：「漢表有『侯襄嗣，太初元年坐擊番禺奪人虜掠死』，則都薨於元封時，疑此有脱文也。」

〔四二〕四　「四」字原無，據景祐本、紹興本、耿本、黄本、彭本、柯本、凌本、殿本補。按：漢書卷一七景武昭宣元成功臣表云東城侯閏月癸卯封，二十年，征和三年坐衞太子舉兵謀反，腰斬。則東成侯太初時尚在。

〔四三〕四　「四」字原無，據景祐本、紹興本、黄本、彭本、柯本、凌本、殿本補。按：漢書卷一七景武昭宣元成功臣表云無錫侯多軍以元年封，征和四年免。

〔四四〕侯唊　殿本史記考證：「（臣召南）按：（唊）漢表作『王唊』，以朝鮮傳證之，漢表是。此表脱『王』字。」

〔四五〕四　「四」字原無，據景祐本、紹興本、耿本、黄本、彭本、柯本、凌本、殿本補。按：漢書卷一七景武昭宣元成功臣表云荻苴侯元封三年四月丁卯封，陰和二年薨，封終身，不得嗣。

〔四六〕侯朝鮮尼谿相參元年　「參」上原有「侯」字。梁玉繩志疑卷一三：「『參』上衍『侯』字。」按：

依表例，「侯」字不當重出。今刪。

〔四七〕四　「四」字原無，據景祐本、紹興本、耿本、黄本、彭本、柯本、凌本、殿本補。按：漢書卷一七景武昭宣元成功臣表云澅清侯元封三年六月丙辰封，天漢二年，坐匿朝鮮亡虜，下獄病死。

〔四八〕康侯子最　梁玉繩志疑卷一三：「『子』字衍，其姓缺。」按：漢書卷一七景武昭宣元成功臣表無「子」字。本書卷一一五朝鮮列傳云：「最以父死頗有功，爲温陽侯。」

〔四九〕凡八百餘歲　「八」字原無，據景祐本、紹興本、耿本、黄本、彭本、柯本、凌本、殿本補。

〔五〇〕表在徐郡　「郡」字疑衍。按：漢書卷一七景武昭宣元成功臣表商利侯王山壽封地在徐，漢書卷二八上地理志上徐屬臨淮。漢志無徐郡。

〔五一〕獨有一女嫁之宣帝未立時　疑當重「宣帝」二字。

〔五二〕廣陵王不變更　「王」字原無，據景祐本、紹興本、耿本、黄本、彭本、柯本、凌本、殿本補。

〔五三〕因斬殺其渠率　「因」字原無，據景祐本、紹興本、耿本、黄本、彭本、柯本、凌本、殿本補。

史記卷二十一

建元已來王子侯者年表第九

制詔御史：「諸侯王或欲推私恩分子弟邑者，令各條上，朕且臨定其號名。」

太史公曰：盛哉，天子之德！一人有慶，天下賴之。

國名	王子號	元光	元朔	元狩	元鼎	元封	太初
茲 索隱表、志闕。	河間獻王子。	五年正月壬子，侯劉明元年。 二	二 三年，侯明坐謀反殺人，弃市，國除。集解徐廣曰：				

			「一作『掠殺人，弃市』。」				
安成 索隱表在豫章。	長沙定王子。	一 六年七月乙巳，思侯劉蒼元年。	六	六	六 元年，今侯自當元年。	六	四
宜春 索隱表、志闕。	長沙定王子。	一 六年七月乙巳，侯劉成元年。	六	六	四 五年，侯成坐酎金，國除。		
句容 索隱表在會稽。	長沙定王子。	一 六年七月乙巳，哀侯劉黨元年。	元年，哀侯黨薨，無後，國除。				
句陵 集解徐	長沙定王子。	一 六年七月乙	六	六	四 五年，侯福坐		

廣曰：一作「容陵」。【索隱】表、志闕。		巳，侯劉福元年。			酎金，國除。		
杏山【索隱】表、志闕。	楚安王子。	一 六年後九月壬戌，侯劉成元年。	六	六	四 五年，侯成坐酎金，國除。		
浮丘【索隱】表在沛。	楚安王子。	一 六年後九月壬戌，侯劉不審元年〔一〕。	六	二 四 五年，侯霸元年。	四 五年，侯霸坐酎金，國除。		
廣戚【索隱】表、志闕。	魯共王子。		六 元年十月丁酉，節侯劉擇元年〔二〕。	六 元年，侯始元年。	四 五年，侯始坐酎金，國除。		

			元年。集解徐廣曰：「擇，一作『將』。」				
丹楊 索隱丹陽，表在蕪湖。	江都易王子。		六 元年十二月甲辰，哀侯敢元年。	元狩元年〔三〕，侯敢薨，無後，國除。			
盱台 索隱表、志闕。	江都易王子。		六 元年十二月甲辰，侯劉象之元年。索隱表作「蒙之」。	六	四 五年，侯象之坐酎金，國除。		
湖孰 索隱表在丹陽。	江都易王子。		六 元年正月丁卯〔四〕，頃侯劉胥元年。索隱表作「胥行」。	六	四 五年，今侯聖元年。 二	六	四

秩陽【索隱】表作「秣陵」。	江都易王子。		六 元年正月丁卯，終侯劉漣元年。【索隱】表名纏。	六	三 四年，終侯漣薨，無後，國除。		
睢陵〔五〕【索隱】表作「淮陵」。〔六〕	江都易王子。		六 元年正月丁卯，侯劉定國元年。	六	四 五年，侯定國坐酎金，國除。		
龍丘【索隱】表在琅邪。	江都易王子。		五 二年五月乙巳，侯劉代元年。	六	四 五年，侯代坐酎金，國除。		
張梁【索隱】表、志闕。	江都易王子。		五 二年五月乙巳，哀侯劉仁元年。	六	二 三年，今侯順元年。 四	六	四
劇	菑川懿王子。		五	六	一 五	六	四

〔索隱〕表、志闕。			二年五月乙巳，原侯劉錯元年。		二年，孝侯廣昌元年。		
壤〔索隱〕表、志闕。	菑川懿王子。		五 二年五月乙巳，夷侯劉高遂元年。〔索隱〕劉高。	六	六 元年，今侯延元年。	六	四
平望〔索隱〕表、志闕。	菑川懿王子。		五 二年五月乙巳，夷侯劉賞元年。	二 四 三年，今侯楚人元年。	六	六	四
臨原〔索隱〕表作「臨衆」。	菑川懿王子。		五 二年五月乙巳，敬侯劉始昌元年。	六	六	六	四
葛魁	菑川懿王子。		五	三 三	二		

	益都	平酌	劇魁
集解徐廣曰：「葛一作『莒』。」索隱表、志闕，或鄉名。	索隱表、志皆闕。	索隱漢表作「平的」，志屬北海。	
	菑川懿王子。	菑川懿王子。	菑川懿王子。
二年五月乙巳，節侯劉寬元年。	二年五月乙巳，侯劉胡元年。五	二年五月乙巳，戴侯劉彊元年。五	五
四年，侯戚元年〔七〕。	六	六	六
三年，侯戚坐殺人，弃市，國除。	六	元年，思侯中時元年。六	六
	六	六	三 三
	四	四	四

國名	王子號	元光	元朔	元狩	元鼎	元封	太初
索隱屬北海。志			二年五月乙巳，夷侯劉墨元年。			元年，侯昭元年。四年，侯德元年。	
壽梁 索隱在壽樂。表	菑川懿王子。		五 二年五月乙巳，侯劉守元年。	六	四 五年，侯守坐酎金，國除。		
平度 索隱屬東萊。志	菑川懿王子。		五 二年五月乙巳，侯劉衍元年。	六	六	六	四
宜成 索隱在平原。表	菑川懿王子。		五 二年五月乙巳，康侯劉偃元年。	六	六 元年，侯福元年。	六	元年，侯福坐殺弟，弃市，國除。
臨朐	菑川懿王子。		五	六	六	六	四

	雷	東莞	辟
【索隱】表在東海。	【索隱】表在東海。	【索隱】志屬琅邪。	【索隱】表
	城陽共王子。	城陽共王子。	城陽共王子。
二年五月乙巳，哀侯劉奴元年。	五 二年五月甲戌，侯劉稀元年。	三 二年五月甲戌，侯劉吉元年。 五年，侯吉有痼疾，不朝，廢，國除。	三 二 二年五 五年，
	六		六
	五 五年，侯稀坐酎金，國除。		四 五年，侯朋坐

國名	王子號						
在東海。			月甲戌，節侯劉壯元年。侯朋元年。		酎金，國除。		
尉文 索隱 表在南郡。	趙敬肅王子[八]。		五 二年六月甲午，節侯劉丙元年。	六 元年，侯犢元年。	四 五年，侯犢坐酎金，國除。		
封斯 索隱 志屬常山。	趙敬肅王子。		五 二年六月甲午，共侯劉胡陽元年[九]。	六	六	六	二 三年，今侯如意元年。 二
榆丘 索隱 表、志皆闕。	趙敬肅王子。		五 二年六月甲午，侯劉壽福元年。	六	四 五年，侯壽福坐酎金，國除。		
襄嚵	趙敬肅王子。		五	六	四		

索隱韋昭云：「廣平縣」。嚵音仕咸反，又仕儉反。	邯會 索隱志屬魏郡。	朝 索隱凡侯不言郡縣，皆表、志闕。	東城 索隱志屬九江。
	趙敬肅王子。	趙敬肅王子。	趙敬肅王子。
二年六月甲午，侯劉建元年。	五 二年六月甲午，侯劉仁元年。	五 二年六月甲午，侯劉義元年。	五 二年六月甲午，侯劉遺元年。
	六	六	六
五年，侯建坐酎金，國除。	六	二 三年，今侯祿元年。 四	元年，侯遺有罪，國除。
	六	六	
	四	四	

陰城 索隱表、志闕。	趙敬肅王子。		五 二年六月甲午，侯劉蒼元年。	六	六	元年，侯蒼有罪，國除[一〇]。	
廣望 索隱志屬涿郡。	中山靖王子。		五 二年六月甲午，侯劉安中元年。	六	六	六	四
將梁 索隱表在涿郡。	中山靖王子。		五 二年六月甲午，侯劉朝平元年。	六	四 五年，侯朝平坐酎金，國除。		
新館 索隱表在涿郡。	中山靖王子。		五 二年六月甲午，侯劉未央元年。	六	四 五年，侯未央坐酎金，國除。		
新處 索隱表	中山靖王子。		五 二年六月甲午，	六	四 五年，侯嘉坐		

在涿郡。			侯劉嘉元年。		酎金，國除。		
陘城 索隱表在涿郡，志屬中山。	中山靖王子。		五 二年六月甲午，侯劉貞元年。	六	四 五年，侯貞坐酎金，國除。		
蒲領 索隱表在東海。	廣川惠王子。		四 三年十月癸酉，侯劉嘉元年。				
西熊 索隱表、志闕。	廣川惠王子。		四 三年十月癸酉，侯劉明元年。				
棗彊 索隱志屬清河。	廣川惠王子。		四 三年十月癸酉，侯劉晏元年。				

國名	王子號						
畢梁 索隱 表在魏郡。	廣川惠王子。		四 三年十月癸酉，侯劉嬰元年。	六	六	三 四年，侯嬰有罪，國除。	
房光 索隱 表在魏郡。	河閒獻王子。		四 三年十月癸酉，侯劉殷元年。	六	元年，侯殷有罪，國除。		
距陽 索隱 表、志皆闕。	河閒獻王子。		四 三年十月癸酉，侯劉匄元年。	四 五年，侯渡元年〔二〕。 二	四 五年，侯渡有罪，國除。		
蔞安 〔三〕 索隱 蔞音力俱反。漢表「蔞節侯」，無	河閒獻王子。		四 三年十月癸酉，侯劉邈元年。	六	六	六 元年，今侯嬰元年。	四

	阿武	參户	州鄉	成平
「安」字。節，謚也。	阿武 索隱表、志皆闕。	參户 索隱志屬勃海。	州鄉 索隱志屬涿郡。	成平 索隱表在南皮。
	河間獻王子。	河間獻王子。	河間獻王子。	河間獻王子。
	四 三年十月癸酉，湣侯劉豫元年。	四 三年十月癸酉，侯劉勉元年。	四 三年十月癸酉，節侯劉禁元年。	四 三年十月癸酉，侯劉禮元年。
	六	六	六	二 三年，侯禮有罪，國除。
	六	六	六	
	六	六	五 六年，今侯惠元年〔三〕。 一	
	二 三年，今侯寬元年。 二	四	四	

廣 索隱表在勃海。	蓋胥 索隱漢志在太山，表在魏郡。	陪安 索隱表在魏郡。	榮簡 集解徐廣曰：「一
河間獻王子。	河間獻王子。	濟北貞王子。	濟北貞王子。
四 三年十月癸酉，侯劉順元年。	四 三年十月癸酉，侯劉讓元年。	四 三年十月癸酉，康侯劉不害元年。	四 三年十月癸酉，侯劉騫元年。
六	六	六	二 三年，侯騫有罪，國除。
四 五年，侯順坐酎金，國除。	四 五年，侯讓坐酎金，國除。	一 二年，哀侯秦客元年。 二 三年，侯秦客薨，無後，國除。	

作『營簡』。索隱漢表作「營關」，在茌平。							
周堅　索隱表、志皆闕。	濟北貞王子。		四　三年十月癸酉，侯劉何元年。	四　五年，侯當時元年。　二	四　五年，侯當時坐酎金，國除。		
安陽　索隱表在平原。	濟北貞王子。		四　三年十月癸酉，侯劉桀元年。	六	六	六	四
五㯿　索隱表在泰山。	濟北貞王子[一四]。		四　三年十月癸酉，侯劉臒丘元年。索隱臒丘，舊作艧，	六	四　五年，侯臒丘坐酎金，國除。		

	富 索隱表、志皆闕。	陪 索隱倍。表在平原。	叢 集解徐廣曰：「一作『散』。」索隱叢音緅。漢表作「菆」，在
	濟北貞王子。	濟北貞王子。	濟北貞王子。
音劬，劉氏音烏霍反。	四 三年十月癸酉，侯劉襲元年。	四 三年十月癸酉，繆侯劉明元年。	四 三年十月癸酉，侯劉信元年。
	六	六	六
	六	二 三年，侯邑元年。五年，侯邑坐酎金，國除。 二	四 五年，侯信坐酎金，國除。
	六		
	四		

平原。今平原無菑縣，此例非一，蓋鄉名也。	平 索隱志屬河南。	羽 索隱志屬平原。	胡母 索隱表在泰山。
	濟北貞王子。	濟北貞王子。	濟北貞王子。索隱自陪安侯不害已下十一人是濟北貞王子，而漢表自安陽侯已下是濟北式王子，同是元朔三
	四 三年十月癸酉，侯劉遂元年。	四 三年十月癸酉，侯劉成元年。	四 三年十月癸酉，侯劉楚元年。
	元年，侯遂有罪，國除。	六	六
		六	四 五年，侯楚坐酎金，國除。
		六	
		四	

	年十月封，恐因此誤也。						
離石 索隱 表在上黨，志屬西河。	代共王子。		三年正月壬戌，侯劉綰元年。四	六	六	六	四
邵 索隱 表在山陽。	代共王子。		三年正月壬戌，侯劉慎元年。四	六	六	六	四
利昌 索隱 昌利。志屬齊郡。	代共王子。		三年正月壬戌，侯劉嘉元年。四	六	六	六	四
藺 索隱 志	代共王子。		三年正月壬戌，				

屬西河。			侯劉憙元年。				
臨河〔索隱〕志屬朔方。	代共王子。		三年正月壬戌，侯劉賢元年〔一五〕。				
隰成〔索隱〕志屬西河。	代共王子。		三年正月壬戌，侯劉忠元年。				
土軍〔索隱〕志屬西河。	代共王子。		〔一六〕三年正月壬戌，侯劉郢客元年。	〔一七〕	侯郢客坐與人妻姦，弃市〔一八〕。		
皋狼〔索隱〕表在臨淮。	代共王子。		三年正月壬戌，侯劉遷元年。				
千章	代共王子。						

【集解】徐廣曰：「一作『斥』。」【索隱】千章，表在平原。			三年正月壬戌，侯劉遇元年〔一九〕。				
博陽【索隱】志屬汝南。	齊孝王子。		四 三年三月乙卯，康侯劉就元年。	六	二 三年，侯終吉元年〔三〇〕。 二 五年，侯終吉坐酎金，國除。		
寧陽【索隱】表在濟南。	魯共王子。		四 三年三月乙卯，節侯劉恢元年〔三一〕。	六	六	六	四
瑕丘	魯共王子。		四	六	六	六	四

國名	王子號	元光	元朔	元狩	元鼎	元封	太初
【索隱】志屬山陽。〔二二〕			三年三月乙卯，節侯劉貞元年。〔二三〕				
公丘 【索隱】志屬沛郡。	魯共王子。		四 三年三月乙卯，夷侯劉順元年。	六	六	六	四
郁狼 【索隱】韋昭云：「屬魯。」志不載。狼音盧黨反，又音郎。	魯共王子。		四 三年三月乙卯，侯劉騎元年。	六	四 五年，侯騎坐酎金，國除。		
西昌	魯共王子。		四 三年三月乙卯，侯劉敬元年。	六	四 五年，侯敬坐酎金，國除。		

國名	王子號						
陘城 索隱漢表作「陸地」，在辛處，於理爲得〔三四〕。靖王子貞已封陘，二人不應重封。	中山靖王子。		四 三年三月癸酉，侯劉義元年。	六	四 五年，侯義坐酎金，國除。		
邯平 索隱表在廣平。	趙敬肅王子。索隱趙敬肅王子四人，以異年封，故別見於此。		四 三年四月庚辰，侯劉順元年。	六	四 五年，侯順坐酎金，國除。		
武始 索隱表在魏。	趙敬肅王子。索隱後立爲趙王。		四 三年四月庚辰，侯劉昌元年。	六	六	六	四

國名	王子號						
象氏 索隱韋昭云：「在鉅鹿。」	趙敬肅王子。		四 三年四月庚辰，節侯劉賀元年。	六	六	二 三年，思侯安德元年。 四	四
易 索隱一作「鄗」。志屬涿郡，表在鄗。	〔二五〕		四 三年四月庚辰，安侯劉平元年。	六	六	四 五年，今侯種元年。 二	四
洛陵 索隱表作「路陵」，在南陽。	長沙定王子。		三 四年三月乙丑，侯劉章元年。	一 二年，侯章有罪，國除。			
攸輿 索隱案：今長沙有	長沙定王子。		三 四年三月乙丑，侯劉則元年。	六	六	六	元年，侯則篡死罪，弃市，國

攸縣，本名攸輿。漢表在南陽。							除。
荼陵 索隱 表在桂陽，志屬長沙。	長沙定王子。		三 四年三月乙丑，侯劉欣元年。	六	一 二年，哀侯陽元年。 五	六	元年，侯陽薨，無後，國除。
建成 索隱 表在豫章。	長沙定王子。		三 四年三月乙丑，〔三六〕侯劉拾元年。	五 六年，侯拾坐不朝，不敬，國除。			
安衆 索隱 志屬南陽。	長沙定王子。		三 四年三月乙丑，康侯劉丹元年。	六	六	五 六年，今侯山拊元年。索隱 拊音趺。 一	四

國名	王子號	元光	元朔	元狩	元鼎	元封	太初
葉 〔索隱〕葉，音攝，縣名，屬南陽。	長沙定王子。		三 四年三月乙丑，康侯劉嘉元年。	六	四 五年，侯嘉坐酎金，國除。		
利鄉	城陽共王子。		三 四年三月乙丑，康侯劉嬰元年。	二 三年，侯嬰有罪，國除。			
有利 〔索隱〕表在東海。	城陽共王子。		三 四年三月乙丑，侯劉釘元年。	元年，侯釘坐遺淮南書稱臣，弃市，國除。			
東平 〔索隱〕表在東海。	城陽共王子。		三 四年三月乙丑，侯劉慶元年。	二 三年，侯慶坐與姊妹姦，有罪，國除。			

運平 索隱表在東海。	城陽共王子。		三 四年三月乙丑，侯劉訢元年。	六	四 五年，侯訢坐酎金，國除。		
山州 索隱表、志闕。	城陽共王子。		三 四年三月乙丑，侯劉齒元年。	六	四 五年，侯齒坐酎金，國除。		
海常 索隱表在琅邪。	城陽共王子。		三 四年三月乙丑，侯劉福元年。	六	四 五年，侯福坐酎金，國除。		
鈞丘 索隱漢表作「騶丘」。	城陽共王子。		三 四年三月乙丑，侯劉憲元年。	三 三 四年，今侯執德元年。	六	六	四
南城 索隱表、	城陽共王子。		三 四年三月乙丑，	六	六	六	四

國名	王子號						
志闕。			侯劉貞元年。				
廣陵 集解徐廣曰：「一作『陽』。」	城陽共王子。		三 四年三月乙丑，常侯劉表元年。索隱庛侯表晉灼曰：「庛音斯。」	四 五年，侯成元年。 二	四 五年，侯成坐酎金，國除。		
莊原 索隱漢表作「杜原」。	城陽共王子。		三 四年三月乙丑，侯劉皋元年。	六	四 五年，侯皋坐酎金，國除。		
臨樂 索隱韋昭云：「縣名，屬勃海。」	中山靖王子。		三 四年四月甲午，敦侯劉光元年。索隱謚法：「善行不怠曰敦。」	六	六	五 六年，今侯建元年。 一	四

國名	王子號						
東野[索隱]表、志闕。	中山靖王子。		三 四年四月甲午，侯劉章元年〔二七〕。[索隱]戴侯章。	六	六	六	四
高平[索隱]表在平原。	中山靖王子。		三 四年四月甲午，侯劉嘉元年。	六	四 五年，侯嘉坐酎金，國除。		
廣川	中山靖王子。		三 四年四月甲午，侯劉頗元年。	六	四 五年，侯頗坐酎金，國除。		
千鍾[集解]徐廣曰：「一作『重』。」[索隱]漢	河間獻王子。		三 四年四月甲午，侯劉搖元年。[集解]一云「劉陰」。	一 二年，侯陰不使人爲秋請，有罪，國除。			

國名	王子號	元光	元朔	元狩	元鼎	元封	太初
表作「重侯擔」，在平原。地理志有重丘也。							
披陽 索隱 蕭該披音皮，劉氏音皮彼反。志屬千乘也。	齊孝王子。		三 四年四月乙卯，敬侯劉燕元年。	六	四 五年，今侯隅元年。 二	六	四
定 索隱 定，地名。	齊孝王子。		三 四年四月乙卯，敬侯劉越元年。索隱 敫侯越。敫，謚也。說文云：「敫讀如躍」。	六	三 四年，今侯德元年。 三	六	四

稻 索隱 志屬琅邪。	齊孝王子。		三 四年四月乙卯，夷侯劉定元年。	六	二 三年，今侯都陽元年。 四	六	四
山 索隱 表在勃海。	齊孝王子。		三 四年四月乙卯，侯劉國元年。	六	六	六	四
繁安 索隱 表、志闕。	齊孝王子。		三 四年四月乙卯，侯劉忠元年。索隱 夷侯忠。	六	六	六	三 四年，今侯壽元年〔三八〕。 一
柳 索隱 表、志闕。	齊孝王子。		三 四年四月乙卯，康侯劉陽元年。	六	三 四年，侯罷師元年。 三	四 五年，今侯自爲元年。 二	四
雲	齊孝王子。		三	六	五 一	六	四

	牟平 【集解】徐廣曰：「一作『羊』。」【索隱】志屬東萊。	柴 【索隱】志屬泰山。	柏陽 【索隱】漢表作「暢」，志在中山。
【索隱】志屬琅邪。			
	齊孝王子。	齊孝王子。	趙敬肅王子。
四年四月乙卯，夷侯劉信元年。	四年四月乙卯，共侯劉渫元年。【索隱】渫音薛。 三	四年四月乙卯，原侯劉代元年。 三	五年十一月辛酉，侯劉終古元年。 二
	二 三年，今侯奴元年。 四	六	六
六年，今侯歲發元年。	六	六	六
	六	六	六
	四	四	四

鄗 索隱漢表作「敲」，音霍。志屬常山郡。	趙敬肅王子。		二 五年十一月辛酉，侯劉延年元年。索隱安侯。	六	四 五年，侯延年坐酎金，國除。		
桑丘 索隱漢表在深澤。	中山靖王子。		二 五年十一月辛酉〔二九〕，節侯劉洋元年。索隱漢表名將夜。	六	三 四年，今侯德元年。 三	六	四
高丘 索隱表、志闕。	中山靖王子。		二 五年三月癸酉，哀侯劉破胡元年。	六	元年，侯破胡薨，無後，國除。		
柳宿	中山靖王子。		二	二 四	四		

索隱表在涿郡。			五年三月癸酉，夷侯劉蓋元年。	三年，侯蘇元年。	五年，侯蘇坐酎金，國除。		
戎丘 索隱表、志闕。	中山靖王子。		二 五年三月癸酉，侯劉讓元年。	六	四 五年，侯讓坐酎金，國除。		
樊輿 索隱表、志闕。	中山靖王子。		二 五年三月癸酉，節侯劉條元年。	六	六	六	四
曲成 索隱表在涿郡。	中山靖王子。		二 五年三月癸酉，侯劉萬歲元年。	六	四 五年，侯萬歲坐酎金，國除。		
安郭 索隱表在涿郡。	中山靖王子。		二 五年三月癸酉，侯劉博元年。	六	六	六	四

安險 [索隱]志屬中山。	中山靖王子。		二 五年三月癸酉，侯劉應元年。	六	四 五年，侯應坐酎金，國除。		
安遙 [索隱]表作「安道」。	中山靖王子。		二 五年三月癸酉，侯劉恢元年。	六	四 五年，侯恢坐酎金，國除。		
夫夷	長沙定王子。		二 五年三月癸酉〔三〇〕，敬侯劉義元年。	六	四 五年，今侯禹元年。 二〔三一〕	六	四
舂陵 [索隱]志屬南陽。	長沙定王子。		二 五年六月壬子，侯劉買元年〔三二〕。[索隱]節侯。	六	六	六	四
都梁	長沙定王子。		二	六	六	六	四

索隱 志屬零陵。			五年六月壬子，敬侯劉遂元年。		元年，今侯係元年。		
洮陽 索隱 志屬零陵。洮音滔，又音道。	長沙定王子。		二 五年六月壬子，靖侯劉狗彘元年。索隱 漢表名將燕。	五 六年，侯狗彘薨，無後，國除。			
泉陵 索隱 志屬零陵。	長沙定王子。		二 五年六月壬子，節侯劉賢元年〔三〕。	六	六	六	四
終弋 索隱 表在汝南。	衡山王賜子。		一 六年四月丁丑，侯劉廣置元年。索隱 廣買。	六	四 五年，侯廣置坐酎金，國除。		

麥 索隱表在琅邪。	城陽頃王子。			六 元年四月戊寅，侯劉昌元年〔三四〕。	四 五年，侯昌坐酎金，國除。		
鉅合 索隱表在平原。	城陽頃王子。			六 元年四月戊寅，侯劉發元年。	四 五年，侯發坐酎金，國除。		
昌 索隱志屬琅邪。	城陽頃王子。			六 元年四月戊寅，侯劉差元年。索隱昌侯羌。	四 五年，侯差坐酎金，國除。		
蕢 索隱費侯，音祕，又扶謂反。表在琅邪。	城陽頃王子。			六 元年四月戊寅，侯劉方索隱萬。元年。	四 五年，侯方坐酎金，國除。		

名號	王子號	(一)	(二)	(三)	(四)	(五)	(六)
雩殷〔三五〕【索隱】雩康侯澤。志屬琅邪。音呼、加二音。	城陽頃王子。			六 元年四月戊寅，康侯劉澤元年。	六	六〔三六〕	四〔三七〕
石洛【索隱】表在琅邪。	城陽頃王子。			六 元年四月戊寅，侯劉敬元年。【索隱】石洛侯敢。	六	六	四
扶浸【索隱】漢表作「挾術」，在琅邪。浸音浸。	城陽頃王子。			六 元年四月戊寅，侯劉昆吾元年。	六	六	四
挍	城陽頃王子。			六	六	六	四

索隱音劾。志闕。說者或以爲琅邪被縣，恐不然也。				元年四月戊寅，侯劉霸元年。索隱漢表名雲。城陽頃王子十九人，漢表二十人，有挾僖侯霸，疑此表脱〔三八〕。			
杇索隱音勒。杇縣屬平原。	城陽頃王子。			元年四月戊寅，侯劉讓元年〔三九〕。六	六	六	四
父城〔四〇〕集解徐廣曰：「一作『六城』〔四一〕。」	城陽頃王子。			元年四月戊寅，侯劉光元年。六	四 五年，侯光坐酎金，國除。		

索隱志在遼西，表在東海。							
庸 索隱表在琅邪。	城陽頃王子。			六 元年四月戊寅，侯劉譚元年。索隱漢表名餘。	六	六	四
翟 索隱表在東海。	城陽頃王子。			六 元年四月戊寅，侯劉壽元年。	四 五年，侯壽坐酎金，國除。		
鱣 索隱表在襄賁。賁音肥。襄賁，縣名。	城陽頃王子。			六 元年四月戊寅，侯劉應元年。	四 五年，侯應坐酎金，國除。		

彭 [索隱]表在東海。	城陽頃王子。			六 元年四月戊寅，侯劉偃元年。[索隱]彭侯彊。	四 五年，侯偃坐酎金，國除。		
瓡 [集解]徐廣曰：「一作『報』。」[索隱]報侯。報，縣名，志屬北海，漢作「瓡」。節，謚也。韋昭以瓡爲諸繫反。顏師古云「即『瓠』字也」。然	城陽頃王子。			六 元年四月戊寅，侯劉息元年。	六	六	四

國名	王子號						
此作「報」。徐廣云「又作『瓠』」也。							
虛水 【索隱】虛，音墟。志屬琅邪。	城陽頃王子。			六 元年四月戊寅，侯劉禹元年。	六	六	四
東淮 【索隱】表在東海。	城陽頃王子。			六 元年四月戊寅，侯劉類元年。	四 五年，侯類坐酎金，國除。		
栒〔四二〕 【索隱】栒，音荀〔四三〕。表在東海〔四四〕。案志，栒在扶風，	城陽頃王子。			六 元年四月戊寅，侯劉買元年。【索隱】栒侯賢。	四 五年，侯買坐酎金，國除。		

與「袧」別也。							
淯 [索隱]淯，音育也，表在東海。淯水在南陽，南陽有淯陽縣，疑表非也。	城陽頃王子。			六 元年四月戊寅，侯劉不疑元年。	四 五年，侯不疑坐酎金，國除。		
陸 [索隱]表在壽光。	菑川靖王子。			六 元年四月戊寅，侯劉何元年。	六	六	四
廣饒 [索隱]志屬齊郡。	菑川靖王子。			六 元年十月辛卯，康侯劉國元年。[四五]	六	六	四

國名	王子號						
鉼【索隱】鉼音萍。韋昭云：「古鉼邑。音蒲經反。」志屬琅邪也。	菑川靖王子。			六 元年十月辛卯，侯劉成元年。【索隱】敬侯成。	六	六	四
俞閭	菑川靖王子。			六 元年十月辛卯，侯劉不害元年。【索隱】侯無害。	六	六	四
甘井【索隱】表在鉅鹿。	廣川穆王子。			六 元年十月乙酉，侯劉元元年。	六	六	四
襄陵【索隱】表	廣川穆王子。			六 元年十月乙酉，	六	六	四

在鉅鹿，志屬河東。				侯劉聖元年。			
皋虞 索隱志屬琅邪。	膠東康王子。				三 元年五月丙午，侯劉建元年〔四六〕。 四年，今侯處元年〔四七〕。 三	六	四
魏其 索隱志屬琅邪。	膠東康王子。				元年五月丙午，暢侯劉昌元年〔四八〕。 六	六	四
祝茲 索隱案志，松茲在廬江，亦作	膠東康王子。				四 元年五月丙午， 五年，延坐弃印綬出國，		

「祝茲」表在琅邪。劉氏云：「諸侯封名，史、漢表多有不同，不敢輒改。」今亦略檢表、志同異，以備多識也。

侯劉延元年。不敬，國除。

【索隱述贊】漢氏之初，矯枉過正。欲大本枝，先封同姓。建元已後，藩翰克盛。主父上言，推恩下令。長沙濟北，中山趙敬。分邑廣封，振振在詠。扞城禦侮，曄曄輝映。百足不僵，一人有慶。

校勘記

〔一〕劉不審　殿本史記考證：「漢表作『不害』是也。漢人名『不害』者頗多。」

〔二〕元年十月丁酉　「十月」，原作「十一月」。張文虎札記卷二：「十一月無丁酉。」按：漢書卷一五上王子侯表上作「十月」。今據改。

〔三〕元狩元年　殿本無「元狩」二字，疑此衍。

〔四〕元年正月丁卯　「丁卯」，原作「丁亥」，據殿本改。按：梁玉繩志疑卷一四：「漢表作『丁卯』，是也。元朔元年正月壬子朔，不應有丁亥。」

〔五〕睢陵　漢書卷一五上王子侯表上作「淮陵」，疑是。按：漢書卷一六高惠高后文功臣表有睢陵侯張廣國，元光三年封，元鼎二年，侯昌嗣，太初二年國除。卷一九下百官公卿表下、卷三二張耳傳皆云廣國爲睢陵侯，睢陵既封廣國，不得又屬定國。

〔六〕表作淮陵　「作」，耿本、黄本、彭本、柯本、凌本、殿本作「在」。

〔七〕侯戚元年　此上原有「今」字。梁玉繩志疑卷一四：「史詮曰衍『今』字。」按：漢書卷一五上王子侯表上云「元狩四年，侯戚嗣，五年，元鼎三年，坐縛家吏恐猲受賕，棄市」，與史表不盡相同，而棄市皆在元鼎三年。「今」字當因上下文而誤衍，今删。

〔八〕趙敬肅王子　梁玉繩志疑卷一四：「（趙敬肅王）薨於太始四年，在位六十三載，不應稱謚。以此表書衡山王賜例之，當云『趙王彭祖子』。五宗世家諸王皆稱謚，惟彭祖獨曰『趙王』，亦可證表中『敬肅』二字爲後人增。」

〔九〕共侯劉胡陽　殿本史記考證：「漢表作『胡傷』是也。漢時多以『不害』、『胡傷』爲名。」

〔一〇〕元年侯蒼有罪國除　梁玉繩志疑卷一四：「漢表云『思侯蒼封十七年，太初元年薨。嗣子有罪，不得代』。此既失書謚，而『有罪』上下有脱文。」

〔一一〕五年侯渡元年　此六字疑當在下欄。按：漢書卷一五上王子侯表上云匄在位十四年，元鼎四年薨，子元鼎五年嗣，同年坐酎金免。

〔一二〕蔞安　梁玉繩志疑卷一四：「漢表無『安』字，是也。」

〔一三〕六年今侯惠元年　漢書卷一五上王子侯表上云「元鼎二年，思侯齊嗣；元封六年，憲侯惠嗣」。梁玉繩志疑卷一四：「史失思侯一代。」

〔一四〕濟北貞王子　「貞王」，漢書卷一五上王子侯表上作「式王」。按：漢書卷六武帝紀云元朔二年春正月，武帝下推恩之詔，始封諸侯王子弟。據漢書卷一四諸侯王表、卷四四濟北王傳，濟北式王胡孝景六年嗣，五十四年薨。本書卷一七漢興以來諸侯王年表景帝前六年濟北王胡稱元年，至武帝元朔三年，在位已二十六年，故其子與諸弟同時封侯。濟北王胡太初時尚在，此當云「濟北王胡子」。下「富」、「陪」、「叢」、「平」、「羽」、「胡母」諸侯同。

〔一五〕三年正月壬戌侯劉賢元年　疑文有脱誤。按：漢書卷一五上王子侯表上云「後更爲高俞侯，坐酎金免」。

〔一六〕侯劉郢客元年　凌本、殿本標元朔時在位之年「四」字。

〔一七〕凌本、殿本標元狩時在位之年「六」字。

〔一八〕侯郢客坐與人妻姦弃市　疑文有脱誤。按：漢書卷一五上王子侯表上云「後更爲鉅乘侯，坐酎金免」。

〔一九〕侯劉遇元年　疑文有脱誤。按：漢書卷一五上王子侯表上云「後更爲夏丘侯，坐酎金免」。

〔二〇〕終吉　漢書卷一五上王子侯表上作「終古」。

〔二一〕節侯劉恢元年　梁玉繩志疑卷一四：「『節』字衍，其薨在昭帝元鳳五年。『恢』又『恬』之誤寫，漢表及水經注二十五並名恬。」按：侯恢太初時尚在，稱其謚號，與表中標舉年數齟齬。

〔二二〕瑕丘索隱志屬山陽　梁玉繩志疑卷一四：「瑕丘屬山陽。然考水經注二十四『睢水東逕太丘縣故城北，地理志曰故敬丘也，漢武帝封魯恭王子劉政爲侯國』。則史、漢作『瑕丘』誤矣。敬丘屬沛。」

〔二三〕節侯劉貞元年　梁玉繩志疑卷一四：「『節』字衍。『貞』當作『政』，漢表、水經注並名政。」按：梁説是。漢書卷一五上王子侯表上瑕丘節侯政「三月乙卯封，五十三年薨。元平元年，思侯國嗣」。侯貞（政）太初時尚在，稱其謚號，與表中標舉年數鑿枘。

〔二四〕漢表作陸地在辛處於理爲得　「在辛處於理」五字原無，據耿本、黄本、彭本、柯本、凌本、殿本補。

〔二五〕景祐本、紹興本、耿本、黄本、彭本、柯本、凌本、殿本此欄有「趙敬肅王子」五字。按：上邯平侯索隱：「趙敬肅王子四人，以異年封，故别見於此。」四人者，謂邯平、武始、象氏、易侯也。

漢書卷一五上王子侯表上云「易安侯平，趙敬肅王子」。

〔二六〕四年三月乙丑　「三月」，原作「二月」，據景祐本、紹興本、耿本、黄本、彭本、柯本、凌本、殿本改。按：上下文洛陵至莊原十餘侯皆以三月乙丑封，漢書卷一五上王子侯表上亦作「三月」。此年二月乙未朔，無乙丑。

〔二七〕四年四月甲午侯劉章元年　疑文有脱誤。按：漢書卷一五上王子侯表上云戴侯章四月甲午封，薨；侯中時嗣，太初四年薨，亡後。

〔二八〕四年今侯壽元年　漢書卷一五上王子侯表上云侯忠「四月乙卯封，十八年薨；元封四年，安侯守嗣」。據漢表，侯壽嗣位當在元封四年，此誤下一格。侯忠、侯壽元封時在位之年，當分標「三」、「三」。

〔二九〕十一月辛酉　梁玉繩志疑卷一四：「漢表作『三月癸酉』，是也。蓋靖王九子皆以三月癸酉封，不應桑丘獨先封四月。」張文虎札記卷二：「此承前柏陽、鄗而誤。」

〔三〇〕五年三月癸酉　梁玉繩志疑卷一四：「長沙王子之封，宜皆在六月壬子，不應夫夷獨先三月，史、漢表俱誤。蓋因前數侯爲中山王子，並是三月癸酉，故誤耳。」

〔三一〕二　原作「六」，據景祐本、紹興本、耿本、黄本、彭本、柯本、凌本、殿本改。

〔三二〕六月壬子侯劉買元年　漢書卷一五上王子侯表上云侯買「六月壬子封，四年薨；元狩三年，戴侯熊渠嗣」，疑此脱熊渠一代。

〔二三〕節侯劉賢元年　「節侯」，當作「今侯」。據漢書卷一五上王子侯表上侯賢薨於本始三年，不當稱謚。

〔二四〕元年四月戊寅侯劉昌元年　漢書卷一五上王子侯表上云侯昌「元鼎元年四月戊寅封，五年，坐酎金免」。按：麥、鉅合、昌、蕢、雩殷、石洛、扶漘、挍、朸、父城、庸、翟、鱣、彭、瓡、虚水、東淮、栒、涓十九侯皆城陽頃王子，漢書王子侯表俱封於元鼎元年，史表列於元狩元年，疑後人傳寫誤入上欄。

〔二五〕雩殷　梁玉繩志疑卷一四：「漢表作『虖葭』，志作『雩叚』，同。此『殷』字譌。」按：索隱音「呼加」，與漢書合。

〔二六〕六　「六」字原無，據景祐本、紹興本、耿本、黄本、彭本、柯本、凌本、殿本補。按：漢書卷一五上王子侯表上云劉澤六十二年薨，神爵元年，其子夷侯舞嗣，知侯澤太初時尚在。

〔二七〕四　「四」字原無，據景祐本、紹興本、耿本、黄本、彭本、柯本、凌本、殿本補。參見上條。

〔二八〕侯劉霸元年索隱漢表名雲城陽頃王子十九人漢表二十人有挾僖侯霸疑此表脱　張文虎札記卷二：「此即漢表『挾釐侯霸』也。漢表『文成』後有『挍靖侯雲』，史表無之。一地不當兩封，疑各有脱誤耳。小司馬以此當『雲』，而别求『挾僖侯霸』，更不可解。」按：漢書卷一五上王子侯表上城陽頃王子凡二十人，較史記多一人。漢表挾釐侯霸傳四代至孝侯衆，薨，無後；挍靖侯雲封五年坐酎金免，史表蓋誤合二人爲一。

〔三九〕元年四月戊寅侯劉讓元年　漢書卷一五上王子侯表上云「四月戊寅封，薨，侯興嗣，爲人所殺」。疑此有脱誤。

〔四〇〕父城　漢書卷一五上王子侯表上作「文成」。漢書卷二八下地理志下遼西郡有文成，與索隱合。殿本史記考證以爲「父城」爲「文成」傳寫之誤。

〔四一〕一作六城　疑當作「一作文城」。按：景祐本、紹興本云「（父）一作六」，耿本云「一作大」，皆「文」之譌。參見上條。

〔四二〕栒　梁玉繩志疑卷一四：「漢表作『拘』，謂在千乘，與此作『栒』，皆今本傳刻之譌也。索隱本作『裪』，引漢表云『東海』，則必東海郡朐縣。」

〔四三〕裪音荀　「裪」，耿本、黄本、彭本、柯本、凌本、殿本作「栒」。按：漢書卷二八上地理志上右扶風有栒邑。

〔四四〕表在東海　耿本、黄本、殿本「表」下有「作栒音俱」四字，疑此有脱誤。按：漢書卷一五上王子侯表上作「拘侯賢」，地在千乘。

〔四五〕康侯劉國元年　「康」字疑衍。按：漢書卷一五上王子侯表上：「七月辛卯封，五十年薨。」地節三年，共侯坊嗣。」據此知劉國太初時尚在。表分標元狩、元鼎、元封、太初時在位之年，亦其證也。

〔四六〕三元年五月丙午侯劉建元年　漢書卷一五上王子侯表上：「元封元年五月丙午封，九年薨。

太初四年，穅侯定嗣。」知侯建始封於元封元年，此誤上一格。

〔四七〕四年今侯處元年　漢書卷一五上王子侯表上云煬侯建當薨於太初三年，此誤上二格。又，「處」，漢表作「定」。

〔四八〕暢侯　「暢」，漢書卷一五上王子侯表上作「煬」。漢表云劉昌在位十七年，當薨於太初之後，此書謚，疑爲後人所加。

史記卷二十二

漢興以來將相名臣年表第十

公元前		大事記【索隱】謂誅伐、封建、薨、叛。	相位【索隱】置立丞相、太尉、三公也。	將位【索隱】命將興師。	御史大夫位【索隱】亞相也。
206	高皇帝元年	春，沛公爲漢王，之南鄭。秋，還定雍。	一 丞相蕭何守漢中。		御史大夫周苛守滎陽。
205	二	春，定塞、翟、魏、河南、韓、殷國。夏，伐項籍，至彭城。立太子。還據滎陽。	二 守關中。	一 太尉長安侯盧綰。	
204	三	魏豹反。使韓信別定魏，伐趙。楚圍我滎陽。	三	二	

	大事記	相位	將位	御史大夫位
203 四	使韓信別定齊及燕，太公自楚歸，與楚界洪渠。	四	三 周苛守滎陽，死。	御史大夫汾陰侯周昌。索隱 汾陰，縣，屬河東。
202 五	冬，破楚垓下，索隱 垓音陔，隄名，在洨縣。殺項籍。春，王踐皇帝位定陶。索隱 在濟陰沇水之陽[一]。入都關中。索隱 咸陽也。東函谷，南嶢、武，西散關，北蕭關。在四關之中，故曰關中。用劉敬、張良計都之也[二]。	五 罷太尉官。	四 後九月，綰爲燕王。	
201 六	尊太公爲太上皇。索隱 名執嘉，一名瑞。劉仲爲代王。立大市。更命咸陽曰長安。索隱 案：上盧綰已封長安侯者，蓋當時別有長安君。	六 封爲酇侯。索隱 音嵯，此在沛郡。後代音贊，在南陽也。張蒼爲計相。索隱 計相，主天下書計及計吏。		

200	199	198	197
七	八	九	十
長樂宮成，自櫟陽徙長安。伐匈奴，匈奴圍我平城。	擊韓信反虜於趙城。貫高作亂，明年覺，誅之。匈奴攻代王，代王弃國亡，廢爲郃陽侯。索隱 郃音合。在馮翊，劉仲封也。	未央宮成，置酒前殿，太上皇輦上坐，帝奉玉卮上壽，曰：「始常以臣不如仲力，今臣功孰與仲多？」太上皇笑殿上稱萬歲。徙齊田，楚昭、屈、景于關中。	太上皇崩。陳豨反代地。
七	八	九 遷爲相國。	十
		御史大夫昌爲趙丞相。	御史大夫江邑侯趙堯。索隱 江邑食侯趙堯。江邑，漢

	196	195	194	193	192
	十一	十二	孝惠元年	二	三
	誅淮陰、彭越。黥布反。	冬，擊布。還過沛。夏，上崩，葬長陵〔三〕。	趙隱王如意死。始作長安城西北方。除諸侯丞相爲相。	楚元王、齊悼惠王來朝。七月辛未，何薨。	初作長安城。蜀湔氏反，擊之。索隱 湔音煎，氏音柢。蜀郡縣名。
	十一	十二	十三	十四 七月癸巳，齊相平陽侯曹參爲相國。	二
	周勃爲太尉。攻代。後官省。				
志闕。					

191 四	三月甲子，赦無所復作。	三		
190 五	爲高祖立廟於沛城成，置歌兒一百二十人。八月乙丑，參卒。	四		
189 六	七月，齊悼惠王薨。立太倉、西市。八月赦齊〔四〕。	一 十月己巳，安國侯王陵爲右丞相。曲逆侯陳平爲左丞相〔五〕。	堯抵罪。	廣阿侯任敖爲御史大夫。集解 徐廣曰：「漢書在高后元年。」
188 七	上崩。大臣用張辟彊計，呂氏權重，以呂台爲呂王。立少帝己卯〔六〕，葬安陵。	二		
187 高后元	王孝惠諸子。置孝悌力田。	三〔七〕		

年	二 (186)	三 (185)	四 (184)	五 (183)	六 (182)
	十二月，呂王台薨，子嘉代立爲呂王。行八銖錢。		廢少帝，更立常山王弘爲帝。	八月，淮陽王薨，以其弟壺關侯武爲淮陽王。令戍卒歲更。	以呂產爲呂王。四月丁酉，赦天下。晝昏。
十一月甲子，徙平爲右丞相。辟陽侯審食其爲左丞相。	四 平。 二 食其。	五 三	六 置太尉官。 四	七 五	八 六
			一 絳侯周勃爲太尉。	二	三
	平陽侯曹窋爲御史大夫。集解一本在六年。索隱窋，竹律反。				

181	180	179	178
七	八	孝文元年	二
趙王幽死，以呂祿爲趙王。梁王徙趙，自殺。	七月，高后崩。九月，誅諸呂。後九月，代王至，踐皇帝位。後九月，食其免相。	除收帑相坐律。立太子。賜民爵。	除誹謗律。皇子武爲代王，參爲太原王，勝爲梁王。〔九〕十月，丞相平薨。
九 七	十 七月辛巳，爲帝太傅。九月丙戌，復爲丞相。 八	十一 十一月辛巳〔八〕，平徙爲左丞相。太尉絳侯周勃爲右丞相。	一 十一月乙亥，絳侯勃復爲丞相。
四	五 隆慮侯竈集解徐廣曰：「姓周。」爲將軍，擊南越。	六 勃爲相，潁陰侯灌嬰爲太尉。	一
	御史大夫蒼。		

	177	176	175	174
	三	四	五	六
	徙代王武【索隱】景帝子，後封梁。爲淮陽王。上幸太原。濟北王反。匈奴大入上郡。以地盡與太原，太原更號代。 十一月壬子，勃免相，之國。	十二月乙巳，嬰卒。	除錢律，民得鑄錢。	廢淮南王，遷嚴道，道死雍。【索隱】嚴道在蜀郡，雍在扶風。
	一 十二月乙亥，太尉潁陰侯灌嬰爲丞相。 罷太尉官。	一 正月甲午，御史大夫北平侯張蒼爲丞相。	二	三
	二 棘蒲侯陳武爲大將軍，擊濟北。昌侯盧卿、共侯盧罷師、甯侯遬深澤侯將夜【集解】徐廣曰：「遬姓魏，將夜姓趙。」皆爲將軍，屬武，祁侯賀將兵屯滎陽。	安丘侯張說爲將軍，擊胡，出代。		
		關中侯申屠嘉爲御史大夫。		

	大事記	相位	將位	御史大夫位
173 七	四月丙子，初置南陵。	四		
172 八	太僕汝陰侯滕公卒。索隱 汝陰侯，夏侯嬰也，爲滕令，故曰滕公。	五		
171 九	温室鐘自鳴。以芷陽鄉爲霸陵。索隱 芷音止，又音昌改反。地理志有芷陽縣。名霸陵者，以霸水爲名也。	六		御史大夫敬。
170 十	諸侯王皆至長安。	七		
169 十一	上幸代。地動。	八		
168 十二	河決東郡金隄。徙淮陽王爲梁王。	九		
167 十三	除肉刑及田租税律、戍卒令。	十		

166	十四	匈奴大入蕭關，發兵擊之，及屯長安旁。	十一	成侯董赤、内史欒布、昌侯盧卿、隆慮侯竈、甯侯遫皆爲將軍，東陽侯張相如爲大將軍，皆擊匈奴。中尉周舍、郎中令張武皆爲將軍，屯長安旁。	
165	十五	黃龍見成紀。上始郊見雍五帝。	十二		
164	十六	上郊見渭陽五帝〔一〇〕。	十三		
163	後元年	新垣平詐言方士，覺，誅之。	十四		
162	二	匈奴和親。地動。八月戊辰，蒼免相。	十五 八月庚午，御史大夫申屠嘉爲丞相，封故安侯。		御史大夫青。
161	三	置谷口邑。	二		

160	159	158	157
四	五	六	七
	上幸雍。	匈奴三萬人入上郡，二萬人入雲中。	六月己亥，孝文皇帝崩。其年丁未〔二〕，太子立。民出臨三日，葬霸陵。
三	四	五	六
		以中大夫令免爲車騎將軍，軍飛狐；故楚相蘇意爲將軍，軍句注；【索隱】並如字。句，又音鉤。將軍張武屯北地；河内守周亞夫爲將軍，軍細柳；宗正劉禮軍霸上；祝茲侯徐厲軍棘門：以備胡。數月，胡去，亦罷。	中尉亞夫爲車騎將軍，郎中令張武爲復土將軍，【索隱】復音伏。屬國捍【索隱】户幹反，亦作「悍」。徐廣

	156 孝景元年	155 二	154 三
	立孝文皇帝廟郡國，為太宗廟。	立皇子德為河閒王，閼為臨江王〔三〕，餘為淮陽王，非為汝南王，彭祖為廣川王，發為長沙王。四月中，孝文太后崩。 嘉卒。	吳楚七國反，發兵擊，皆破之。皇子端為膠西王，勝為中山王。
	七 置司徒官。	八 開封侯陶青為丞相。	二
曰「姓徐，一名厲，即祝茲侯。」為將屯將軍。詹事戎奴為車騎將軍，侍太后。			中尉條侯周亞夫〔索隱〕脩侯周亞夫。脩音條。渤海有脩市縣，一作「條」。為太尉，擊吳楚；曲周侯酈寄
		御史大夫錯。	

年	大事記	相位	將位	御史大夫位
		罷太尉官。	爲將軍[一三]，擊趙；竇嬰爲大將軍，屯滎陽；欒布爲將軍[一四]，擊齊。	
153 四	立太子。	三	二 太尉亞夫。	御史大夫蚡。
152 五	置陽陵邑。 丞相北平侯張蒼卒。	四	三	
151 六	徙廣川王彭祖爲趙王。	五	四	御史大夫陽陵侯岑邁。
150 七	廢太子榮爲臨江王。四月丁巳，膠東王立爲太子。 青罷相。	六月乙巳，太尉條侯亞夫爲丞相。 罷太尉官。	五 遷爲丞相。	御史大夫舍。
149 中元年		二		
148 二	皇子越爲廣川王，寄爲膠東王。	三		

147	146	145	144	143	142
三	四	五	六	後元年	二
皇子乘爲清河王。亞夫免相。	臨江王徵，自殺，葬藍田，燕數萬爲銜土置冢上。	皇子舜爲常山王。	梁孝王武薨。分梁爲五國，王諸子：子買爲梁王，明爲濟川王，彭離爲濟東王，定爲山陽王，不識爲濟陰王。	五月，地動。七月乙巳，日蝕。舍免相。	
四 御史大夫桃侯劉舍爲丞相。	二	三	四	五 八月壬辰，御史大夫建陵侯衛綰爲丞相。	二
					嘉卒。
御史大夫綰。				御史大夫不疑。	

	141	140	139
	三	孝武建元元年 [索隱]年之有號，始自武帝，自建元至後元凡十一號。	二
	正月甲子，孝景皇帝崩。〔一五〕二月丙子，太子立。	綰免相。	置茂陵。 嬰免相。
	三	四 魏其侯竇嬰爲丞相。 置太尉。	二月乙未，太常柏至侯許昌爲丞相。 罷太尉官。 蚡免太尉。
六月丁丑，御史大夫岑		武安侯田蚡爲太尉。	
		御史大夫抵。[集解]漢表云牛抵。	御史大夫趙綰。[索隱]代衞綰。

138	三	東甌王廣武侯望率其衆四萬餘人來降，處廬江郡。	二		
137	四		三		御史大夫青翟。索隱 姓莊。
136	五	行三分錢〔一六〕。集解 徐廣曰：「漢書云『半兩』。四分曰兩〔一七〕。」	四		
135	六	正月，閩越王反。孝景太后崩。集解 徐廣曰：「景帝母竇氏。」 昌免相。	五 六月癸巳，武安侯田蚡爲丞相。	青翟爲太子太傅。	御史大夫安國。
134	元光元年		二		
133	二	帝初之雍，郊見五時。	三	夏，御史大夫韓安國爲護軍將軍，衛尉李廣爲驍騎將軍，太僕公孫賀	

年	大事記	相位	將位	御史大夫位
			為輕車將軍，大行王恢為將屯將軍，太中大夫李息為材官將軍，篡單于馬邑，不合，誅恢。	
132 三	五月丙子，河決于瓠子〔一八〕。	四		
131 四	十二月丁亥，地動。蚡卒。	五 平棘侯薛澤為丞相。		御史大夫歐。
130 五	十月，族灌夫家，弃魏其侯市。	二		
129 六	南夷始置郵亭。	三	太中大夫衛青為車騎將軍，出上谷；衛尉李廣為驍騎將軍，出鴈門；大中大夫公孫敖為騎將	

公元前	大事記	相位	將位	御史大夫位
			軍，出代；太僕公孫賀爲輕車將軍，出雲中：皆擊匈奴。	
128	元朔元年 衛夫人立爲皇后。	四	車騎將軍青出雁門，擊匈奴。衛尉韓安國爲將屯將軍，軍代，明年，屯漁陽卒。	
127	二	五	春，車騎將軍衛青出雲中至高闕，取河南地。	
126	三 匈奴敗代太守友[一九]。集解徐廣曰：「太守姓共，名友。」	六		御史大夫弘。
125	四 匈奴入定襄、代、上郡。	七		
124	五 匈奴敗代都尉朱英[二〇]。	八 十一月乙丑，御史大夫	春，長平侯衛青爲大將軍，擊右賢。衛尉蘇建爲	

	六
澤免相。	
公孫弘爲丞相，封平津侯。	二
游擊將軍，屬青。左内史李沮【索隱】音子如反。爲强弩將軍，太僕賀爲車騎將軍，代相李蔡爲輕車將軍，岸頭侯張次公爲將軍，大行息爲將軍：皆屬大將軍，擊匈奴。	大將軍青再出定襄擊胡。合騎侯公孫敖爲中將軍，太僕賀爲左將軍，郎中令李廣爲後將軍，翕侯趙信爲前將軍，敗降匈奴。衛尉蘇建爲右將軍，敗身脱。左内史沮爲彊弩將軍。皆屬青。

122	元狩元年	十月中，淮南王安、衡山王賜謀反，皆自殺，國除。	三		御史大夫蔡。
121	二	匈奴入鴈門、代郡。江都王建反。膠東王子慶立爲六安王。弘卒。	四 御史大夫樂安侯李蔡爲丞相。	冠軍侯霍去病爲驃騎將軍，擊胡，至祁連；合騎侯敖爲將軍，出北地；博望侯張騫、郎中令李廣爲將軍，出右北平。	御史大夫湯。
120	三	匈奴入右北平、定襄。	二		
119	四		三	大將軍青出定襄，郎中令李廣爲前將軍，太僕公孫賀爲左將軍，主爵趙食其爲右將軍，平陽侯曹襄爲後將軍：擊單于。	

118	117	116	115	114	113
五	六	元鼎元年	二	三	四
蔡坐侵園壖，[索隱]廟壖垣，而戀反。壖垣，外垣短牆也。自殺。	四月乙巳，皇子閎爲齊王，旦爲燕王，胥爲廣陵王。		青翟有罪，自殺。		立常山憲王子平爲真定王，商爲泗水王。六月中，河東汾陰得寶鼎。
四 太子少傅武彊侯莊青翟爲丞相。	二	三	四 太子太傅高陵侯趙周爲丞相。	二	三
			湯有罪，自殺。		
			御史大夫慶。		

107	108	109	110	111	112
四	三	二	元封元年	六	五
				十二月，東越反。	三月中，南越相嘉反，殺其王及漢使者。八月，周坐酎金，自殺。
六	五	四	三	二	四 九月辛巳，御史大夫石慶爲丞相，封牧丘侯。
		秋，樓船將軍楊僕、左將軍荀彘出遼東，擊朝鮮。		故龍頟侯韓説爲横海將軍，出會稽；樓船將軍楊僕出豫章；中尉王温舒出會稽：皆破東越。	衛尉路博德爲伏波將軍，出桂陽；主爵楊僕爲樓船將軍，出豫章：皆破南越。
			御史大夫寬。索隱 兒寬也。	御史大夫式。索隱 卜式也。	

106	105	104	103	102	101	100	99	98
五	六	太初元年	二	三	四	天漢元年	二	三
		改曆，以正月爲歲首。索隱 始用夏正也。	正月戊申，慶卒。〔三〕					
七	八	九	十 三月丁卯，太僕公孫賀爲丞相，封葛繹侯。	二	三	四	五	六
				御史大夫延廣。		御史大夫卿。索隱 王卿也。		御史大夫周。索隱 杜周

	97	96
	四	太始元年 集解 班固云「司馬遷記事訖于天漢」，自此已後，後人所續。索隱 裴
	七	八
	春，貳師將軍李廣利出朔方，至余吾水上；游擊將軍韓說出五原因杅；索隱 音于。因杅，地名。將軍公孫敖：皆擊匈奴。	
也。		

91		92	93	94	95	
二	年	征和元	四	三	二	駰以爲自天漢已後，後人所續，即褚先生所補也。後史所記，又無異呼，故今不討論也。
七月壬午，太子發兵，殺游	冬，賀坐爲蠱死。					
三月丁巳，涿郡太守劉		十二	十一	十	九	
御史大夫成。				御史大夫勝之。		

		擊將軍說、使者江充。	屈氂爲丞相，封彭城侯。		
90	三	六月，劉屈氂因蠱斬。	二	春，貳師將軍李廣利出朔方，以兵降胡。重合侯莽通出酒泉，御史大夫商丘成出河西，擊匈奴。	
89	四		六月丁巳，大鴻臚田千秋爲丞相，封富民侯。		
88	後元元年		二		
87	二		三	二月己巳，光禄大夫霍光爲大將軍，博陸侯；都尉金日磾爲車騎將軍，秺侯；太僕安陽侯上官桀爲大將軍〔三三〕。	

86	85	84	83	82	81	80	79	78
孝昭始元元年	二	三	四	五	六	元鳳元年	二	三
四 九月，日磾卒。	五	六	七	八	九	十	十一	十二
			三月癸酉，衛尉王莽爲左將軍，騎都尉上官安爲車騎將軍。			九月庚午，光禄勳張安世爲右將軍。		十二月庚寅，中郎將范
						御史大夫訢。		

	77	76	75	74	73
	四	五	六	元平元年	孝宣本
	三月甲戌，千秋卒。	十二月庚戌，訢卒。		敞卒。	
	三月乙丑，御史大夫王訢為丞相，封宜春侯。〔三〕	二	十一月乙丑，御史大夫楊敞為丞相，封安平侯。	九月戊戌，御史大夫蔡義為丞相，封陽平侯。	二
明友為度遼將軍，擊烏丸。			九月庚寅，衞尉平陵侯范明友為度遼將軍，擊烏丸。	四月甲申，光祿大夫龍額侯韓曾為前將軍。五月丁酉，水衡都尉趙充國為後將軍，右將軍張安世為車騎將軍。	
	御史大夫楊敞。			御史大夫昌水侯田廣明。	

	72	71	70
始元年	二	三	四
		三月戊子，皇后崩。 六月乙丑，義薨。	十月乙卯，立霍后。
	三	六月甲辰，長信少府韋賢爲丞相，封扶陽侯。 田廣明、田順擊胡還，皆自殺。充國奪將軍印。	二
	七月庚寅，御史大夫田廣明爲祁連將軍，龍頟侯韓曾爲後將軍，營平侯趙充國爲蒲類將軍，度遼將軍平陵侯范明友爲雲中太守，富民侯田順爲虎牙將軍：皆擊匈奴。		
		御史大夫魏相。	

69	68	67	66	65	64	63	62
地節元年	二	三	四	元康元年	二	三	四
		立太子。 五月甲申，賢老，賜金百斤。					
三	四 三月庚午，將軍光卒。	六月壬辰，御史大夫魏相爲丞相，封高平侯。	二 七月壬寅，禹腰斬。	三	四	五	六
	二月丁卯，侍中、中郎將霍禹爲右將軍。	七月，安世爲大司馬、衞將軍。禹爲大司馬。					
		御史大夫邴吉。					

	61	60	59	58	57
	神爵元年	二	三	四	五鳳元年
	上郊甘泉太畤、汾陰后土。	上郊雍五畤。祋祤出寶璧玉器。	三月，相卒。		
八月丙寅，安世卒。	七	八	四月戊戌，御史大夫邴吉爲丞相，封博陽侯。	二	三
	四月，樂成侯許延壽爲强弩將軍。後將軍充國擊羌。酒泉太守辛武賢爲破羌將軍。韓曾爲大司馬、車騎將軍。				
			御史大夫望之。		

56	55	54	53	52	51	50	49
二	三	四	甘露元年	二	三	四	黃龍元
	正月，吉卒。			赦殊死，賜高年及鰥寡孤獨帛，女子牛酒。	三月己丑，霸薨。		
四 五月己丑，增卒。	三月壬申，御史大夫黃霸爲丞相，封建成侯。	二	三 三月丁未，延壽卒。	四	七月丁巳，御史大夫于定國爲丞相，封西平侯。	二	三
五月，延壽爲大司馬、車騎將軍。							樂陵侯史子長爲大司
御史大夫霸。	御史大夫延年。			御史大夫定國。	太僕陳萬年爲御史大夫。		

	年				
	年			馬、車騎將軍。太子太傅蕭望之爲前將軍。	
48	孝元初元元年		四		
47	二		五		
46	三		六	十二月，執金吾馮奉世爲右將軍。	
45	四		七		
44	五		八	二月丁巳，平恩侯許嘉爲左將軍。	中少府貢禹爲御史大夫。十二月丁未，長信少府薛廣德爲御史大夫。
43	永光元年	十月戊寅，定國免。	九 七月，子長免，就第。	九月，衛尉平昌侯王接爲大司馬、車騎將軍。 二月，廣德免。	七月，太子太傅韋玄成爲御史大夫。

42	41	40	39	38	37
二	三	四	五	建昭元年	二
三月壬戌朔，日蝕。					
二月丁酉，御史大夫韋玄成爲丞相，封扶陽侯。丞相賢子。	二	三	四	五	六
七月，太常任千秋爲奮武將軍，擊西羌；雲中太守韓次君爲建威將軍，擊羌。後不行。	右將軍平恩侯許嘉爲車騎將軍，侍中、光禄大夫樂昌侯王商爲右將軍，右將軍馮奉世爲左將軍。				
二月丁酉，右扶風鄭弘爲御史大夫。					光禄勳匡衡爲御史大

	大事記	相位	將位	御史大夫位
			弘卒。	夫。
36 三	六月甲辰，玄成卒。	七月癸亥，御史大夫匡衡爲丞相，封樂安侯。		衛尉繁延壽爲御史大夫。
35 四		二		
34 五		三		
33 竟寧元年		四	六月己未，衛尉楊平侯王鳳爲大司馬、大將軍。延壽卒。	三月丙寅，太子少傅張譚爲御史大夫。
32 孝成建始元年		五		
31 二		六		
30 三		七	十月，右將軍樂昌侯王商爲光禄大夫、左將軍。	廷尉尹忠爲御史大夫。

		十二月丁丑，衡免。	八月癸丑，遣光祿勳詔嘉上印綬免，賜金二百斤。	〔三四〕，執金吾弋陽侯任千秋爲右將軍。譚免。
29	四		三月甲申，右將軍樂昌侯王商爲右丞相。	任千秋爲左將軍，長樂衞尉史丹爲右將軍。十月己亥，尹忠自刺殺。	少府張忠爲御史大夫。
28	河平元年		二		
27	二		三		
26	三		四	十月辛卯，史丹爲左將軍，太僕平安侯王章爲右將軍。	
25	四	四月壬寅，丞相商免。	六月丙午，諸吏散騎光祿大夫張禹爲丞相。		

	年	大事記	相位	將位	御史大夫位
24	陽朔元年		二		
23	二		三	張忠卒。	六月，太僕王音爲御史大夫。
22	三			九月甲子，御史大夫王音爲車騎將軍。	十月乙卯，光祿勳于永爲御史大夫。
21	四		七月乙丑，右將軍光祿勳平安侯王章卒。	閏月壬戌，永卒。	
20	鴻嘉元年	三月，禹卒。	四月庚辰，薛宣爲丞相。		

【索隱述贊】高祖初起，嘯命羣雄。天下未定，王我漢中。三傑既得，六奇獻功。章邯已破，蕭何築宮。周勃厚重，朱虛至忠。陳平作相，條侯總戎。丙魏立志，湯堯飾躬。天漢之後，表述非功。

校勘記

〔一〕沇水之陽　「沇水」，疑當作「氾水」。按：本書卷八高祖本紀：「甲午，乃即皇帝位氾水之陽。」索隱述贊：「氾水即位，咸陽築宮。」

〔二〕用劉敬張良計都之也　耿本、黄本、柯本、凌本、殿本作「用劉敬張良之計故也」，彭本無「故」字。

〔三〕葬長陵　「葬」，原作「置」。梁玉繩志疑卷一四：「史詮曰：『葬』作『置』，誤。」按：依表例當作「葬」。下惠帝「葬安陵」、文帝「葬霸陵」，皆其比。今據改。

〔四〕八月赦齊　梁玉繩志疑卷一四：「四字疑衍。齊本無罪，何赦之有？」

〔五〕十月己巳安國侯王陵爲右丞相曲逆侯陳平爲左丞相　「己巳」，原作「乙巳」，「右丞相」下原有「十月己巳」四字。梁玉繩志疑卷一四：「是年十月戊申朔，無乙巳，有己巳。當移『十月己巳』在『安國』前，而衍『十月乙巳』四字。公卿表『乙巳』作『己丑』亦非，是月無己丑也。」今據删改。

〔六〕己卯　梁玉繩志疑卷一四：「惠帝以八月戊寅崩，翌日即己卯，安得便葬？當依漢紀作『九月辛丑』爲是。辛丑後戊寅二十三日。」張文虎札記卷二：「『己卯』誤。紀書『九月辛丑』，是。九月丁酉朔，初五日辛丑。」按：漢書卷二惠帝紀：「九月辛丑，葬安陵。」

〔七〕此處依表例當補「一」字。

〔八〕十一月辛巳　漢書卷一九下百官公卿表下作「十月辛亥」，本書卷一〇孝文本紀同。

〔九〕勝爲梁王　張文虎札記卷二：「（勝）當從紀作『揖』。」按：張説不確。本書卷一七漢興以來諸侯王年表、卷五八梁孝王世家並言梁王名勝。漢書卷四八賈誼傳「梁王勝墜馬死」顏師古注引李奇：「文三王傳言揖，此言勝，爲有兩名。」然則作「勝」自有所本，非傳寫之誤也。

〔一〇〕上郊見渭陽五帝　「郊」，原作「始」。據景祐本、紹興本、耿本改。按：本書卷二八封禪書：「夏四月，文帝親拜霸渭之會，以郊見渭陽五帝。」漢書卷二五上郊祀志上同。

〔一一〕其年丁未　張文虎札記卷二：「（其年）二字疑衍。」

〔一二〕閼爲臨江王　「閼」，原作「閎」。梁玉繩志疑卷一四：「臨江名『閼』，此譌。」按：漢書卷五景帝紀：「春三月，閼爲臨江王。」「（四年）秋七月，臨江王閼薨。」卷一四諸侯王表云「臨江哀王閼」，卷五三景十三王傳云「臨江哀王閼以孝景前二年立」。今據改。

〔一三〕曲周侯酈寄爲將軍　「將軍」上原有「大」字。梁玉繩志疑卷一四：「寄、布但爲將軍，非大將軍也，故本紀不書，此誤增兩『大』字。」按：本書卷九五樊酈滕灌列傳：「孝景前三年，吳、楚、齊、趙反，上以寄爲將軍。」今據刪。

〔一四〕欒布爲將軍　「將軍」上原有「大」字。本書卷一〇六吳王濞列傳：「七國反書聞天子，天子乃遣太尉條侯周亞夫將三十六將軍，往擊吳、楚；遣曲周侯酈寄擊趙；將軍欒布擊齊；大將軍竇嬰屯滎陽，監齊、趙兵。」今據刪。參見上條。

〔一五〕孝景皇帝崩　「皇帝」二字原無。張文虎札記卷二：「『孝景』下當有『皇帝』二字。」按：上文曰「孝文皇帝崩」，與此同例。今據補。

〔一六〕行三分錢　「三分」，疑當作「四銖」。按：漢書卷六武帝紀：「（建元）五年春，罷三銖錢，行半兩錢。」所謂「半兩錢」，即四銖錢。本書卷三〇平準書：「今半兩錢法重四銖。」集解引韋昭：「文爲半兩，實重四銖。」參見下條。

〔一七〕四分曰兩　疑當作「四銖曰半兩」。按：漢書卷二四下食貨志下「今半兩錢法重四銖」顏師古注引鄭氏：「其文爲半兩，實重四銖也。」參見上條。

〔一八〕河決于瓠子　「河決」，原作「決河」。殿本史記考證：「按文義當云『河決於瓠子』。」按：上文云「河決東郡金隄」，本書卷二九河渠書云「河決於瓠子」，又云「自河決瓠子後二十餘歲」，文例皆同。今據改。

〔一九〕匈奴敗代太守友　梁玉繩志疑卷一四：「『敗』乃『殺』字之誤。」按：本書卷一一一衞將軍驃騎列傳：「其明年，匈奴入殺代郡太守友。」

〔二〇〕匈奴敗代都尉朱英　本書卷一一一衞將軍驃騎列傳云「其秋，匈奴入代，殺都尉朱英」，卷一一〇匈奴列傳云「其秋，匈奴萬騎入殺代郡都尉朱英」。參見上條。

〔二一〕正月戊申慶卒　張文虎札記卷二：「正月無戊申，漢百官表作『戊寅』，是。」按：漢書卷六武帝紀：「（太初）二年春正月戊申，丞相慶薨。」漢紀卷一四、通鑑卷二一並同。史表各本作

「戊申」，疑非傳寫之誤。

〔三一〕太僕安陽侯上官桀爲大將軍　「大將軍」，漢書卷七昭帝紀、卷一九下百官公卿表下、卷六八霍光傳皆作「左將軍」，疑是。

〔三二〕封宜春侯　「宜春侯」，原作「富春侯」，據景祐本、紹興本、耿本、柯本、凌本改。按：漢書卷六六王訢傳：「（訢）昭帝時爲御史大夫，代車千秋爲丞相，封宜春侯。」卷一八外戚恩澤侯表有「宜春敬侯王訢」。

〔三三〕光禄大夫左將軍　「左將軍」，原作「右將軍」，據殿本改。按：漢書卷一九下百官公卿表下云成帝建始三年右將軍王商爲左將軍，執金吾千秋爲右將軍。